**BESTACTIVITYBOOKS.COM**

ERSTE AUSGABE - Veröffentlicht 2022

Extra Grafikmaterial von: www.freepik.com
Dank an: Alekksall, Starline, Pch.vector, Rawpixel.com, Vectorpocket, Dgim-studio, Upklyak, Macrovector, Stockgiu, Pikisuperstar & Freepik.com Designers

Kostenlose Online-Spiele Entdecken

Hier Erhältlich:

**BestActivityBooks.com/FREEGAMES**

# 5 TIPPS FÜR DEN ANFANG!

## 1) LÖSUNG DER RÄTSEL

Die Puzzles haben ein klassisches Format :

- Die Wörter sind ohne Abstand, Bindetrich usw… versteckt
- Richtung : vor-& rückwärts, auf & ab oder in der Diagonale (beider Richtungen)
- Die Wörter können übereinanderliegen oder sich kreuzen

## 2) AKTIVES LERNEN

Neben jedem Wort ist ein Abstand vorgesehen zum Aufschreiben der Übersetzung. Um ihre Kenntnisse zu überprüfen und zu erweitern befindet sich am Ende des Buches ein **WÖRTERBUCH**. Suchen sie die Übersetzungen, schreiben sie sie auf, dann können sie sie in den. Puzzles suchen und ihrem Wortschatz hinzufügen.

## 3) ANZEICHNUNG DER WÖRTER

Haben sie schon einmal versucht eine Anzeichnung zu verwenden? Sie könnten zum Beispiel die Wörter, die schwer zu finden sind, ankreuzen, die Wörter, die sie lieben, mit einem Stern, neue Wörter mit einem Dreieck, seltene Wörter mit einem Diamant usw … anzeichnen

## 4) IHR LERNEN ORGANISIEREN

Am Ende dieser Ausgabe bieten wir auch ein praktisches **NOTIZBUCH** an. Ob im Urlaub, auf Reisen oder zu Hause, sie können ihr neues Wissen ganz einfach organisieren, ohne ein zweites Notizbuch zu benötigen!

## 5) SIND SIE AM SCHLUSS ?

Gehen sie zum Bonusbereich : **MONSTER-HERAUSFÖRDERUNG,** um ein kostenloses Spiel zu finden, das am Ende dieser Ausgabe angeboten wird !

Lust auf mehr Spaß und **Lernaktivitäten? Schnell und einfach :** eine ganze Spielbuchsammlung mit einem einzigen Klick erhaltbar :

Mit diesem Link finden sie ihre nächste Herausforderung :

BestActivityBooks.com/MeineNachsteWortsuche

# Achtung, fertig, .... Los !!

Wussten sie, dass es auf der Welt ungefähr 7.000 verschiedene Sprachen gibt ? Wörter sind kostbar.

Wie lieben Sprachen und haben schwer daran gearbeitet, die Bücher von höchster Qualität für sie zu entwerfen. Unsere Zutaten ?

Eine Auswahl von angepassten Lernthemen, drei große Scheiben Spaß, dann fügen wir einen Löffel schwieriger Wörter und eine Prise seltener Wörter hinzu. Wir servieren sie mit Sorgfalt und ein Maximum an Freude, damit sie die besten Wortspiele lösen und Spaß am Lernen haben.

-------

Ihre Meinung ist wichtig. Sie können aktiv zum Erfolg dieses Buches beitragen, indem sie uns eine Bemerkung hinterlassen. Sagen sie uns, was ihnen an dieser Ausgabe am besten gefallen hat !!

Hier ist ein kurzer Link, der sie zu ihrer Bewertungsseite führt

BestBooksActivity.com/Rezension50

Vielen Dank für ihre Hilfe und viel Spaß

## Linguas Classics

# 1 - Gesundheit und Wellness #2

| | | | | | | | | | | | | | | | |
|---|---|---|---|---|---|---|---|---|---|---|---|---|---|---|---|
| خ | ف | آ | خ | ر | ؤ | ذ | ف | ط | ا | ة | خ | ن | ك | ن | ح |
| ش | ط | د | و | ص | غ | ف | ذ | آ | ج | ل | ص | ج | ن | و | س |
| ع | س | م | ص | ض | ع | ت | و | ن | م | س | ن | ت | آ | م | ا |
| إ | ئ | ق | ن | ي | م | ا | ت | ي | ف | ذ | ز | ظ | آ | د | س |
| آ | ة | ن | م | ز | س | ص | ض | و | غ | د | و | ك | ا | د | ي |
| ي | ض | ر | م | ع | ت | ك | د | ح | م | ح | م | ي | ة | ف | ة |
| ز | غ | ش | غ | ئ | ش | ة | ظ | ظ | ن | ي | ض | ل | ي | آ | ة |
| س | ط | س | ئ | ك | ف | ر | ت | خ | ئ | ر | د | د | ه | ط | ن |
| ح | ز | ؤ | ا | ع | ى | م | ض | غ | و | ش | خ | ت | ش | ث | غ |
| ى | و | ب | ل | ج | د | ح | ط | م | ذ | ت | ل | ا | ج | ط | م |
| ر | د | ح | م | ط | ا | ق | ة | ت | آ | ي | إ | ض | ط | ن | ث |
| ش | ر | ح | خ | ظ | ن | م | ص | ط | ك | ذ | ة | ا | م | ج | ي |
| ي | ى | ض | ا | إ | ن | ش | ن | ح | ا | ك | ت | ي | ر | ظ | ت |
| ض | ح | ي | ط | ط | ظ | ئ | ا | ؤ | ي | ث | إ | ر | ف | ز | ث |
| ة | ث | ا | ر | و | ل | ا | م | ل | ع | د | ت | ع | د | و | ى |
| ى | غ | ع | س | ق | ن | ي | د | س | ي | إ | ض | ا | آ | ل | ظ |

حساسية
تشريح
شهية
دم
حمية
طاقة
تغذية
علم الوراثة
صحي
وزن

النظافة
عدوى
مستشفى
مرض
تدليك
المخاطر
نوم
رياضات
ضغط
فيتامين

# 2 - Ozean

| | | | | | | | | | | | | | | | |
|---|---|---|---|---|---|---|---|---|---|---|---|---|---|---|---|
| ي | ز | ى | ؤ | إ | س | م | إ | ق | ة | ق | ط | ئ | ز | ث | ع |
| ر | ش | ص | س | غ | م | ض | ك | ن | و | غ | ق | ا | ض | س | ا |
| ب | ظ | ف | ظ | ق | ك | ط | ق | د | ش | ز | ر | ش | ل | ع | ص |
| م | ن | م | آ | ا | ف | ح | ت | ي | ز | ق | ش | ح | ص | آ | ف |
| ج | ا | ش | ح | ر | س | ب | غ | ل | ة | ن | ف | ش | ص | ت | ة |
| ؤ | ج | و | ك | ب | ر | ع | غ | ا | ج | ا | م | ض | غ | آ | ز |
| ف | ر | ش | ج | ل | ط | غ | غ | ل | ة | ب | ى | ة | ن | و | ت |
| ر | م | ز | ئ | ل | ا | ج | ر | ب | ج | ع | ج | ى | ي | ب | ر |
| ج | ل | ج | ن | ي | ن | ت | خ | ح | ن | ث | إ | د | ف | ظ | ص |
| ط | ا | ص | ك | آ | م | ح | ا | ر | د | ج | ب | ج | ل | ج | أ |
| خ | ص | ى | إ | خ | ل | م | ك | ش | ذ | ي | ق | ب | و | ل | م |
| ت | ف | ظ | غ | ع | ن | س | خ | س | و | ا | ح | ذ | د | ط | و |
| ف | ذ | ح | ل | م | ا | ل | ط | ح | ا | ل | ب | ئ | ظ | ى | ا |
| ط | و | ب | ط | خ | أ | و | و | ى | خ | ز | د | ض | ا | ت | ج |
| ث | آ | إ | ظ | ض | ت | ت | آ | د | ك | ز | ج | ؤ | ض | ظ | إ |
| ر | ئ | ض | ك | ض | ر | ز | ج | ل | ا | و | د | م | ل | ا | ع |

ثعبان
الطحالب
محار
قارب
دولفين
سمك
جمبري
المد والجزر
قرش
المرجان
سرطان
أخطبوط
قنديل البحر
ملح
سلحفاة
إسفنج
عاصفة
تونة
حوت
أمواج

# 3 - Krankheit

| | | | | | | | | | | | | | | | |
|---|---|---|---|---|---|---|---|---|---|---|---|---|---|---|---|
| ص | ص | ؤ | م | ؤ | ض | ا | آ | ا | ز | د | آ | ع | ض | غ | ع |
| ج | د | ث | ك | ث | ع | ل | و | ص | ئ | ح | ط | ص | ق | ظ | س |
| غ | ت | ن | ف | س | ي | ت | ر | ذ | ث | ك | ئ | ب | ا | ى | إ |
| م | ة | ث | ج | و | ف | ه | ا | ى | ا | ف | م | م | ت | ؤ | م |
| ل | ي | ط | ئ | ش | ن | ا | ث | ق | ك | ن | ط | ب | ل | ا | ج |
| ز | ئ | ر | ا | و | ر | ب | ي | ة | ي | س | ا | س | ح | ل | ا |
| ط | ة | ح | ص | ل | ا | ن | ت | س | ة | ن | ا | ص | ح | ل | ا |
| ز | ي | س | ز | ن | م | ز | م | م | ي | ك | م | ج | ا | ل | ع |
| ص | ن | ت | م | ئ | ز | ؤ | ز | م | ث | ف | ج | ي | ذ | ش | ر |
| ت | ت | و | ئ | ق | ن | ا | ذ | ض | ا | ر | ز | ؤ | ث | غ | ص |
| خ | ش | د | ظ | ف | ل | ى | ش | ب | ر | ف | ك | ج | ئ | ع | ش |
| ؤ | ز | د | ج | ت | ع | و | ب | ك | و | ت | ح | ش | ن | ؤ | ض |
| ئ | ا | خ | م | ش | د | ح | ن | ت | ل | ب | ر | د | ي | د | ش |
| ر | ة | ي | ف | ا | ع | ل | ا | ي | ا | ئ | ة | س | د | ن | ج |
| د | ك | ك | ر | ح | ن | آ | ى | ر | م | م | ل | إ | ع | ر | د |
| ص | ص | إ | آ | د | ظ | ج | د | ي | ز | ب | ل | ق | م | ث | س |

الصحة
قلب
الحصانة
عظام
جثة
رئوي
ضعيف
متلازمة
علاج
العافية

البطن
شديد
الحساسية
معدي
تنفسي
بكتيري
مزمن
التهاب
وراثي
الوراثية

# 4 - Meditation

| | | | | | | | | | | | | | | | |
|---|---|---|---|---|---|---|---|---|---|---|---|---|---|---|---|
| إ | ل | و | ت | ع | ا | ل | ي | م | ج | ظ | ق | ي | ت | س | م |
| ح | ي | آ | ج | آ | م | ن | ر | و | غ | ج | ب | ص | ئ | ؤ | ض |
| ؤ | ت | ض | ف | ا | خ | خ | ع | س | ر | و | ظ | ن | م | ل | ا |
| ظ | ع | ا | ل | ل | ط | ف | ق | ي | م | ط | ز | ض | ة | ا | ؤ |
| ت | ل | ة | ع | ي | ب | ط | ل | ق | غ | ض | ر | ا | ك | ف | أ |
| ح | م | د | د | د | ز | ع | ي | ى | ا | ق | غ | ش | ر | ض | ا |
| ز | ا | ا | ل | غ | إ | ق | ا | ة | ن | م | ظ | ك | ح | ن | س |
| ح | ل | ع | ح | د | إ | ق | ذ | ت | ض | ض | ف | ر | ت | إ | ك |
| غ | س | س | ج | ط | ب | ض | ل | ف | و | ر | ظ | ب | ج | ؤ | ث |
| ت | ب | ع | ع | و | خ | ث | ؤ | ص | ض | ؤ | ا | ب | ى | ؤ | ج |
| ف | ق | ش | ل | ت | ن | ن | ك | د | و | ه | آ | ك | ؤ | ب | ي |
| ض | د | م | ض | ع | م | ؤ | ة | ت | ح | ج | ئ | ء | و | د | ه |
| ة | إ | ذ | د | ذ | غ | ع | ي | ز | ؤ | خ | و | ت | ح | ل | ز |
| ز | ش | ح | ئ | ع | ج | ط | ج | س | ي | إ | غ | غ | غ | ي | ع |
| ح | ض | ر | ق | ط | ة | ف | إ | ت | ت | م | ص | ل | ا | ق | ى |
| ش | آ | ؤ | ع | ي | ر | ب | ظ | ض | و | إ | ش | ج | ل | ي | ؤ |

تعاليم
ليتعلم
عطف
موسيقى
طبيعة
المنظور
هدوء
الصمت
عقل
مستيقظ

قبول
انتباه
حركة
شكر
اللطف
سلام
أفكار
عقلي
سعادة
وضوح

# 5 - Archäologie

| | | | | | | | | | | | | | | | |
|---|---|---|---|---|---|---|---|---|---|---|---|---|---|---|---|
| ز | غ | و | أ | ث | غ | ي | ب | ج | ط | ظ | ن | ا | ت | خ | إ |
| ض | ف | ب | ة | س | د | ة | ا | ا | ص | م | ص | ل | ق | ب | ف |
| ا | آ | ف | ث | ف | ت | ح | ح | ع | ر | ي | ظ | ك | ي | ي | ي |
| ح | ا | ث | ج | ز | ر | ا | ث | ا | ي | ئ | ط | ا | ي | ر | د |
| ش | ث | آ | آ | غ | ش | ي | ذ | ا | ف | ا | ع | ئ | م | ق | ل |
| ؤ | ن | ك | آ | ة | غ | ك | ق | ض | ث | خ | ي | ن | ي | ب | ئ |
| ج | ل | ت | ت | غ | ي | ر | م | ع | ر | و | ف | ا | د | ر | ج |
| ك | غ | م | ح | ئ | إ | م | ك | ظ | ج | ت | ى | ت | ق | ز | ز |
| ن | ز | ح | ل | ت | ح | ف | د | ا | و | ب | ر | ح | ك | ب | ض |
| ا | ع | ع | ي | ل | ف | ع | ظ | ا | م | إ | آ | ج | ح | غ | م |
| ق | د | ل | ل | ت | ر | ا | ن | ص | ط | ظ | ع | ج | ر | غ | خ |
| ج | ك | غ | غ | ش | ي | س | ن | م | ك | ح | ي | غ | ض | ض | و |
| ى | ع | ؤ | خ | ز | ة | ر | ا | ض | ح | ل | ا | إ | ع | ذ | إ |
| م | ع | ب | د | غ | ى | ل | ن | و | خ | ف | د | ى | خ | غ | ظ |
| ر | ب | ر | ز | ش | ف | ت | س | ل | ي | ل | ظ | م | ؤ | د | ف |
| ع | ص | ر | ق | ن | ض | ل | ج | ف | ذ | ث | ظ | ز | ش | ع | ر |

| | |
|---|---|
| تحليل | سليل |
| تقييم | الكائنات |
| عصر | أستاذ |
| خبير | بقايا |
| باحث | معبد |
| حفرية | غير معروف |
| لغز | قديم |
| قبر | منسي |
| عظام | الحضارة |
| فريق | |

# 6 - Insekten

| | | | | | | | | | | | | | | | |
|---|---|---|---|---|---|---|---|---|---|---|---|---|---|---|---|
| ف | ؤ | ت | ظ | إ | ث | ك | آ | ل | ظ | ؤ | ي | ح | ع | ر | ا |
| ر | ق | ر | خ | ط | ن | ص | ف | ل | ض | ي | ل | إ | م | ل | ط |
| ا | إ | ج | ك | ر | | ي | ر | ق | ة | ج | ن | د | ب | م | خ |
| ش | ز | ع | ب | و | س | ع | ي | ل | ا | و | ر | ع | ب | ظ | م |
| ة | ي | د | ب | ب | ظ | ظ | ح | ي | ا | ز | و | ف | ل | خ | م |
| ي | ز | د | ش | د | ظ | ن | ظ | ب | ل | ض | ر | و | ص | ر | ص |
| ء | ل | ا | ط | ح | ة | ل | م | ن | خ | ط | ا | ا | ى | ف | ي |
| ا | ا | ل | ة | ث | ع | ى | ي | ل | ن | ل | ل | ذ | إ | ك | و |
| س | ت | م | ي | ى | ى | ج | آ | ا | ف | ذ | ز | ث | س | ظ | إ |
| ف | ؤ | ن | ت | آ | ق | ل | ن | س | س | ط | س | س | غ | ي | ب |
| ن | ع | ظ | غ | آ | آ | ك | ز | ر | ا | ج | إ | ع | ش | س | ر |
| خ | ي | ظ | ط | ط | ز | ح | ص | ف | ء | إ | ي | ق | د | ى | غ |
| ج | ؤ | ى | ط | ذ | ن | ذ | ن | ل | غ | ق | ن | آ | و | ظ | و |
| ض | ا | ظ | ط | ك | ط | ف | ص | م | ن | ص | د | م | د | ث | ث |
| ظ | ظ | آ | و | ض | ث | غ | آ | و | ض | ب | ج | ش | ة | غ | ش |
| ئ | غ | ا | غ | ذ | ت | ة | م | ق | ق | ض | ؤ | ة | ض | ر | أ |

اليعسوب
الخنفساء
عثة
البعوض
فراشة
أرضة
دبور
دودة
الزيز

نملة
نحلة
المن
برغوث
فرس النبي
جندب
الدبور
صرصور
خنفساء
يرقة

# 7 - Gesundheit und Wellness #1

ث س ض د ل ج ك ي آ ئ ك آ ن ى م ن
ظ ي ش ع ع ص ك ط ة ض ص و ف ظ ظ ئ
ى ص ق ل ئ ي ؤ ؤ ك م ا ر ت ف ا ع
ط ت ئ آ ط د غ ك ئ ش ت د ذ ل ظ إ
ظ ص ا ق ج ل إ ة ط ش ن ب ج ا ب ع
ظ ص س ل س ي ئ ا ج غ ج و م ي ث ح
ذ ش ت س ق ة ء ا و د ع غ ح ر ر ع
ع ج ر ت ي م ق ط خ ز إ ظ ش ي ف ي
ا ر خ ق ج ة ص ق د ط ع ئ د ت ي ا
د ة ا ب ا ط ب ي ب آ ص ع ش ك ر د
ة ي ء إ ل م ك ي ا ج م ل ف ب و ة
ط ى م ن ع ك س ع ص ح إ ا ض ت س ب
إ ل ج ض ل ؤ ر ب ع ظ س ج ز ة غ ا
ج ظ ض ة ا ل إ ة أ ئ غ ا ؤ ز آ ص
ع ع ت ؤ إ ح ص ظ م ث ة ب آ ف ن إ
د و و ئ خ ي ش ر غ ف ؤ ظ ب ذ ؤ ر

نشط
صيدلية
طبيب
بكتيريا
العلاج
استرخاء
كسر
عادة
جلد
ارتفاع

جوع
عيادة
عظام
دواء
طبي
أعصاب
منعكس
علاج
إصابة
فيروس

# 8 - Obst

| | | | | | | | | | | | | | | | |
|---|---|---|---|---|---|---|---|---|---|---|---|---|---|---|---|
| م | غ | ض | ب | غ | آ | ى | ش | ش | م | ل | ن | ك | ى | ز | ا |
| ش | ئ | آ | ن | ر | ا | ص | ي | م | ب | إ | ت | ك | ر | ث | ل |
| م | ط | غ | ع | غ | ت | ئ | ث | ا | ذ | ل | آ | ت | ث | ز | ج |
| ش | ظ | ى | ض | ح | ث | ق | ش | م | م | ن | ا | ج | م | ة | ر |
| ظ | خ | س | ح | ث | ة | ق | ا | د | ع | و | ح | ش | ك | خ | ي |
| ج | و | ز | ا | ل | ه | ن | د | ل | ص | م | ز | أ | ب | ي | ب |
| م | ذ | أ | ف | و | ك | ا | د | و | ي | ي | ن | ن | ر | ا | ف |
| ن | خ | آ | ت | ت | ي | ي | ج | ز | ر | ل | ي | ا | ق | ت | ر |
| ز | ض | ب | ز | ر | ط | ا | ض | ف | ي | ز | ر | ن | و | ح | و |
| ز | ش | ف | ز | ز | ص | ب | ف | ؤ | ب | غ | غ | ا | ق | ذ | ت |
| ط | ح | ئ | ش | ظ | ذ | ا | س | غ | ص | ز | ة | س | د | ت | ب |
| آ | ا | غ | ي | ر | ي | ب | ك | ا | ل | ب | ش | ع | إ | ى | ر |
| و | ؤ | آ | و | ظ | غ | ظ | ذ | ص | د | ك | ص | س | ذ | ز | ك |
| ل | م | ق | ي | ل | ع | ل | ا | ت | و | ت | ط | ذ | ع | خ | إ |
| ا | و | ع | ك | ت | و | ف | ح | ب | ئ | ط | ذ | ؤ | ج | و | غ |
| إ | ط | ن | ط | ة | ظ | ن | ذ | ط | ش | و | ث | ج | ع | خ | ح |

كرز
كيوي
جوز الهند
شمام
برتقالي
بابايا
خوخ
برقوق
عنب
ليمون

أناناس
تفاح
مشمش
أفوكادو
موز
بيري
كمثرى
بلاك بيري
الجريب فروت
توت العليق

# 9 - Universum

| | | | | | | | | | | | | | | | |
|---|---|---|---|---|---|---|---|---|---|---|---|---|---|---|---|
| آ | ا | م | ب | ش | خ | ق | خ | ظ | ش | ث | ت | م | ة | ا | د |
| ظ | ل | ا | م | ت | و | ق | ص | ط | ق | ن | ظ | ك | آ | ل | ئ |
| ش | د | ح | ج | آ | ت | ش | ز | ب | ا | ر | ق | م | ت | ب | ط |
| ت | م | ك | و | ن | ي | و | ا | م | س | ل | ا | ة | إ | ر | ت |
| ق | آ | س | ا | خ | ئ | غ | خ | ك | ن | ث | ط | د | ز | و | ح |
| ص | ص | ذ | ي | ط | ر | خ | غ | ذ | ت | ي | ص | و | أ | ج | ت |
| س | ط | غ | ص | ا | م | ط | ص | ئ | ن | و | ي | ك | ل | ف | ب |
| ى | ت | د | ر | ل | س | ا | ئ | ز | ن | ج | ص | إ | م | ر | ق |
| ك | ل | ف | ل | ا | م | ل | ع | ق | ج | ل | ة | ض | ص | ة | غ |
| ب | س | د | ل | س | ن | ع | و | س | م | ا | ء | س | ص | ن | ئ |
| س | و | إ | خ | ت | آ | ر | ش | ج | ن | ف | ظ | ض | ج | خ | ئ |
| م | ث | إ | ا | و | ج | ض | ذ | د | ؤ | ا | ى | ث | ق | م | ر |
| ش | ق | ط | ك | ا | ا | ل | ا | ن | ق | ل | ا | ب | ؤ | د | ج |
| ى | ف | م | ف | ء | إ | ف | ل | م | د | غ | غ | إ | ض | ع | ئ |
| ى | ف | ل | ك | ص | ئ | م | د | ا | ب | ل | ؤ | و | ع | إ | ك |
| ا | ل | ك | و | ي | ك | ب | ؤ | ض | ئ | ا | ث | س | ظ | ك | خ |

الكويكب
فلكي
علم الفلك
الغلاف الجوي
خط الاستواء
خط العرض
ظلام
سماء
سماوي
أفق

كوني
خط الطول
قمر
فلك
مرئي
شمسي
الانقلاب
مقراب
البروج

# 10 - Camping

| | | | | | | | | | | | | | | | |
|---|---|---|---|---|---|---|---|---|---|---|---|---|---|---|---|
| ظ | ب | ظ | غ | د | أ | ة | ط | ا | آ | ت | ف | ة | ا | ص | ت |
| ئ | ة | ذ | ص | ب | ر | غ | ب | ل | ب | ج | ا | غ | آ | ي | ط |
| خ | إ | ج | إ | آ | ج | خ | ي | م | ك | د | ن | ص | ر | ظ | ت |
| ع | ر | ة | ص | ت | و | ص | ع | ق | غ | ت | و | غ | ل | ع | غ |
| ر | ث | ي | ط | ص | ح | إ | ة | ص | ص | ف | س | إ | ح | ؤ | م |
| ذ | غ | ي | ط | ئ | ة | ل | ص | و | ب | ن | ا | ر | ك | ص | ق |
| م | غ | ي | غ | ة | ر | ر | ك | ر | م | ق | ى | ي | ن | ح | ف |
| ر | ت | ى | ك | م | م | ز | ي | ة | ض | ب | ر | غ | ا | ب | ة |
| ح | ع | م | ل | ي | ا | ط | ث | ح | ئ | ع | ب | و | ن | خ | د |
| ك | ح | ح | ث | خ | غ | ئ | إ | ج | ب | ة | خ | غ | ز | ف | و |
| ر | ى | ث | ث | إ | م | ق | ع | ت | خ | إ | ؤ | ع | ر | ل | م |
| ص | ظ | و | ج | غ | ؤ | و | ش | م | ح | ا | ن | و | ض | ب | ا |
| ا | ل | ح | ي | و | ا | ن | ا | ت | ش | ل | خ | ب | ر | ح | ق |
| ؤ | ض | آ | ي | خ | م | د | ز | ظ | ر | ص | ل | ش | ض | ى | ك |
| ئ | ؤ | ى | ة | ف | ش | ا | ص | ى | ة | ي | د | ى | ح | ذ | ث |
| خ | ا | ز | آ | ذ | ئ | ت | آ | ب | خ | د | ش | ي | ق | ر | ؤ |

بوصلة
فانوس
قمر
طبيعة
بحيرة
حبل
مرح
الحيوانات
غابة
خيمة

مغامرة
جبل
نار
أرجوحة
قبعة
حشرة
الصيد
المقصورة
الزورق
خريطة

# 11 - Zeit

| | | | | | | | | | | | | | | | |
|---|---|---|---|---|---|---|---|---|---|---|---|---|---|---|---|
| ق | ب | ة | ة | ش | ش | ق | ذ | إ | غ | ة | ة | ى | غ | ا | ت |
| ل | ة | ق | س | ى | ق | ص | ش | إ | ي | ى | ج | ن | آ | ل | ا |
| ا | ل | ي | و | م | و | ي | و | خ | ب | م | ص | ئ | ة | ل | ض |
| ت | ق | و | ي | م | أ | ح | ق | م | ر | غ | ب | إ | ذ | ي | م |
| ل | ة | ن | س | خ | ث | ف | ت | م | ي | ن | ا | خ | غ | ل | خ |
| د | غ | س | ت | غ | ة | ا | ا | ر | و | ق | ح | ة | ل | ض | ؤ |
| ك | خ | ا | ئ | ف | ئ | ل | ل | د | ب | ق | ض | ي | غ | ز | ب |
| ئ | غ | ى | ى | ع | س | ص | ظ | ذ | ا | ع | و | ب | س | أ | د |
| ي | ج | ت | ى | ق | ن | ك | ه | ت | إ | د | د | ر | ل | ط | ت |
| ص | ج | ق | ر | ج | ب | ا | ي | ؤ | آ | ى | ق | ر | س | ة | ى |
| ق | ة | ئ | ح | ر | ئ | ل | ر | ط | ب | ع | ع | ع | ة | ل | ص |
| ض | ج | ز | م | ظ | ف | ب | ة | ع | ا | س | ل | و | ك | ع | ف |
| خ | ت | ئ | ج | ز | ك | ق | ق | م | ح | و | ا | ر | ش | ط | س |
| ي | ط | ن | ع | ن | ش | ت | ي | ع | ظ | ت | ؤ | ا | ز | ي | ط |
| ق | ر | ن | ج | ئ | ه | س | ق | س | م | ى | ص | ض | ح | ب | م |
| ة | ن | ث | ا | ح | ر | م | د | م | ب | ك | ر | ا | م | ى | إ |

مبكرا
أمس
اليوم
سنة
قرن
العقد
سنوي
الآن
تقويم
دقيقة

وقت الظهيرة
شهر
صباح
بعد
الليل
ساعة
يوم
قبل
أسبوع
مستقبل

# 12 - Säugetiere

| | | | | | | | | | | | | | | | |
|---|---|---|---|---|---|---|---|---|---|---|---|---|---|---|---|
| و | ض | ة | ؤ | ح | إ | ظ | ش | ز | ق | ؤ | ن | ف | ف | ق | ظ |
| ط | ؤ | ئ | ص | ك | ن | غ | ر | ظ | ك | ا | ل | ن | م | ر | ش |
| ة | ى | ا | ع | ح | ل | ا | ك | خ | إ | ي | ر | غ | د | ح | |
| ك | ن | خ | ر | و | ف | ر | ح | ب | ن | ئ | ف | ي | إ | ف | ق |
| آ | ج | ر | ذ | ة | ى | خ | ف | و | ك | س | ل | ت | إ | و | س |
| ظ | ظ | ئ | ا | ل | ي | ر | و | غ | ل | ظ | ا | ح | ق | ص | ن |
| غ | ب | ط | د | د | ر | ط | ح | ك | ب | ظ | ف | م | ف | ص | م |
| س | ع | ص | ر | ف | ا | س | ل | ج | ع | ي | خ | ل | إ | ل | ر |
| م | ت | خ | ا | و | ر | د | إ | ض | ث | ب | ي | ئ | ص | ن | ض |
| و | ن | ل | ؤ | ق | ب | ظ | ظ | ح | و | ت | س | و | ي | ش | ن |
| ر | ج | ن | ك | ة | ل | د | س | أ | ر | ر | ا | ج | ر | ذ | ن |
| ب | ظ | إ | ب | ط | ا | ض | ق | ي | ش | ح | و | ر | ا | م | ح |
| ش | خ | ك | س | ؤ | ب | ض | ط | غ | ع | ا | ى | ض | و | م | خ |
| ط | ي | ب | ق | خ | ئ | ع | ش | ا | ث | خ | م | ق | ئ | ص | ج |
| ث | ك | ى | ش | ؤ | ذ | ج | ن | ت | و | ع | م | ف | ى | ب | ا |
| و | ث | ل | ة | خ | ح | ص | غ | س | ض | غ | ت | ر | ع | د | ن |

أسد
النمر
حصان
جرذ
خروف
ثور
نمر
حوت
ذئب
حمار وحشي

قرد
يتحمل
سمور
الفيل
فوكس
زرافة
غوريلا
كلب
كنغر
ذئب البراري

# 13 - Algebra

| | | | | | | | | | | | | | | | |
|---|---|---|---|---|---|---|---|---|---|---|---|---|---|---|---|
| ا | د | م | ت | غ | ي | ر | ؤ | ز | ج | ك | ظ | خ | ع | ف | ي |
| ل | إ | ا | ص | ص | ص | ق | س | م | ل | ح | ط | غ | ر | ي | ب |
| ر | آ | ك | و | ز | ر | م | ب | ز | إ | ي | آ | ق | ض | ن | ل |
| س | ف | م | ؤ | إ | ة | ف | و | ف | ص | م | ط | ي | س | ب | ت |
| م | ب | ي | ش | ط | ث | ج | ل | م | ا | ع | ص | ك | ج | ى | ؤ |
| ا | ت | ة | ص | ي | ط | ل | ل | ؤ | ظ | ط | ؤ | ث | ط | ح | غ |
| ل | ر | ص | غ | إ | ظ | ا | د | م | إ | ي | ص | و | د | ة | إ |
| ب | س | ذ | ت | ع | ف | ن | ؤ | ؤ | إ | د | م | و | ظ | ئ | م |
| ي | م | غ | ة | ح | خ | ه | ة | ل | ك | ش | م | ذ | ت | ج | ع |
| ا | ب | ش | ى | ر | خ | ا | ظ | ذ | ض | ج | أ | س | م | ر | ط |
| ن | ي | ر | ر | ط | ت | ئ | خ | د | م | ز | ر | و | ت | ظ | ق |
| ي | ا | و | أ | ل | ل | ي | ة | ز | و | ء | ع | ق | ا | خ | ى |
| ث | ن | ا | ت | ا | ا | ض | ظ | ل | ة | ل | د | ا | ع | م | ا |
| ص | ي | ر | ف | ص | غ | ن | ش | خ | و | ى | آ | ب | ل | ث | ي |
| غ | ث | ت | ك | ذ | ث | ن | ك | ى | ؤ | ذ | ي | و | ى | ط | ش |
| م | ة | إ | ك | ى | ص | ذ | ث | ح | ز | ق | ف | ى | ث | ع | خ |

جزء
رسم بياني
أس
عامل
خطأ
معادلة
الرسم البياني
قوس
خطي
حل

مصفوفة
كمية
صفر
رقم
مشكلة
الطرح
مجموع
لانهائي
متغير
تبسيط

# 14 - Diplomatie

| | | | | | | | | | | | | | | | |
|---|---|---|---|---|---|---|---|---|---|---|---|---|---|---|---|
| ى | إ | ر | س | ع | ح | إ | ص | ة | ه | ا | ز | ن | ل | ا | م |
| ث | ن | غ | ح | ة | ى | ج | و | ك | س | ل | ش | ع | ج | ج | س |
| ظ | س | ت | ل | آ | ط | ن | ك | م | ض | م | ب | ا | ل | آ | ت |
| و | ا | أ | خ | ل | ا | ق | ق | ى | ح | و | ث | ذ | س | ى | ش |
| ص | ن | ط | ز | ق | ج | ش | ح | ا | ش | ا | د | ى | غ | ؤ | ا |
| ش | ي | ش | ط | ذ | ا | ق | ش | ف | ش | ط | آ | ل | س | ح | ر |
| ح | س | ج | ى | ن | ح | ث | ئ | ن | ش | ن | ت | ب | ص | س | ي |
| ح | ق | ظ | ئ | س | ئ | ض | إ | ف | ف | و | ظ | ك | ي | ف | ف |
| ق | ك | م | ل | ة | ئ | ي | ة | ن | ط | ن | ب | إ | ا | ي | س |
| أ | ل | و | ر | ش | ت | خ | إ | ر | أ | ج | ن | ب | ي | ذ | ى |
| م | إ | س | م | ح | ب | ن | خ | ك | ا | د | ب | ع | ا | ز | ن |
| ن | و | ق | ا | ة | د | ه | ا | ع | م | ف | م | د | ل | ث | ص |
| ؤ | ا | ص | ى | س | ؤ | ش | ش | ى | ك | ق | س | ا | ل | ي | ع |
| ر | د | ة | غ | ا | ى | س | ف | ى | ش | ض | غ | ل | غ | ق | ب |
| و | ع | ك | آ | ي | س | ا | م | و | ل | ب | د | ة | ا | س | ى |
| ى | س | آ | م | س | ش | ج | ت | ع | ا | و | ن | إ | ت | ى | آ |

أجنبي
مستشار
السفارة
سفير
المواطنون
دبلوماسي
نقاش
أخلاق
ملة
عدالة

إنساني
النزاهة
نزاع
حل
سياسة
حكومة
أمن
اللغات
معاهدة
تعاون

# 15 - Astronomie

| | | | | | | | | | | | | | | | |
|---|---|---|---|---|---|---|---|---|---|---|---|---|---|---|---|
| ي | ك | ك | ب | ج | ق | ر | ن | ي | ز | ك | و | ك | ب | ة | ؤ |
| ة | س | خ | ت | آ | ح | ا | ل | ك | و | ي | ك | ب | غ | ص | ع |
| ا | ل | ص | ذ | ذ | ر | ئ | م | ك | ة | ز | و | خ | و | خ | ص |
| ل | ي | ى | م | ر | ص | د | ب | ا | ف | و | ن | ر | ب | و | س |
| ذ | خ | ة | إ | ئ | ج | ف | ا | ر | خ | ئ | ي | ن | ن | ر | ط |
| ز | ر | ي | ل | أ | ر | ض | ر | ؤ | ز | ق | ص | ج | ذ | ا | آ |
| ج | و | ر | ب | ل | ا | ا | ق | ي | ي | ظ | ض | م | م | ص | ص |
| م | ل | ق | آ | ض | ن | ء | م | س | ص | د | ظ | ا | ئ | ث | ل |
| ة | ظ | ن | ك | و | ك | ل | ح | آ | ف | ض | ط | ش | ز | ظ | ئ |
| ح | ج | ج | و | ث | ا | ن | ض | ا | ى | ع | ل | م | ض | آ | س |
| ل | ؤ | ث | ن | ع | ي | ح | و | آ | ى | ر | ف | ك | ق | م | د |
| ت | ك | ث | ع | ض | ق | س | ي | س | م | ش | د | ح | ا | ظ | ف |
| ر | م | ق | ر | ل | ق | د | ظ | ض | خ | ح | ض | ء | و | و | ل |
| م | س | ق | غ | ة | آ | ي | إ | ن | ف | ز | ث | ع | ث | ك | ك |
| و | س | و | ظ | ز | إ | م | س | ت | ث | ق | ؤ | ر | ج | ا | ي |
| إ | ض | و | ث | ت | آ | و | ؤ | ا | ؤ | ق | س | ذ | ص | ذ | ؤ |

سديم
مرصد
كوكب
صاروخ
شمس
نجم
سوبرنوفا
مقراب
البروج
كون

الكويكب
رائد فضاء
فلكي
أرض
سماء
مذنب
كوكبة
عالم
نيزك
قمر

# 16 - Geologie

| | | | | | | | | | | | | | | | |
|---|---|---|---|---|---|---|---|---|---|---|---|---|---|---|---|
| ك | ا | ى | ة | ر | د | ق | ش | ش | ت | ى | و | ئ | و | ز | خ |
| ك | ع | ذ | خ | ئ | ز | ث | س | ى | ث | ة | و | آ | ذ | آ | خ |
| ح | ؤ | ي | م | ز | ظ | م | ة | ث | ي | ح | ح | ض | ن | ط | ج |
| ظ | ق | ج | ث | ز | غ | ص | ت | ك | غ | ب | و | ش | ي | ج | م |
| ي | م | ى | س | غ | آ | ث | ا | ل | م | ع | ا | د | ن | ف | ب |
| ل | إ | ه | ض | ب | ة | ي | ر | ف | ح | ئ | ا | ت | ا | ث | ر |
| ب | د | س | إ | ن | ل | ذ | و | ب | ئ | م | ل | ح | خ | ق | ك |
| ط | ر | ط | غ | ص | س | ق | د | ط | ن | و | ك | ظ | س | ك | ا |
| ف | ح | ك | ن | ر | ل | ك | ف | ط | م | ق | ل | ب | ح | م | ن |
| ل | ج | ق | ظ | ؤ | ؤ | إ | ق | ظ | ث | د | س | ذ | ف | ف | ج |
| ث | ر | ئ | ق | ا | ر | ة | و | ك | ذ | ع | ي | س | ط | ع | ش |
| ك | ج | ذ | س | ن | ا | ج | ر | م | ل | ا | و | ي | ت | ا | ط |
| ه | ب | ج | ت | ث | ي | ز | م | ك | ا | و | م | م | إ | د | ك |
| ف | ي | ر | آ | م | ا | ض | آ | إ | ز | ص | ل | ف | ع | خ | ذ |
| ة | ي | ج | خ | ض | ظ | ت | ب | ن | ل | ل | م | ض | ض | م | ح |
| م | م | ح | ل | ا | ا | س | د | ص | ز | ا | ز | ط | ت | ر | و |

المعادن
هضبة
مرو
ملح
حمض
الصواعد
حجر
بركان
منطقة
دورات

زلزال
تآكل
حفرية
مولتن
سخان
كهف
الكلسيوم
قارة
المرجان
الحمم

# 17 - Sport

| | | | | | | | | | | | | | | | |
|---|---|---|---|---|---|---|---|---|---|---|---|---|---|---|---|
| م | ي | ب | ز | د | ج | ب | ع | ز | ك | ب | ا | س | ت | ت | ع |
| ل | ن | ط | م | ف | ا | ك | ص | ظ | ث | آ | ن | ع | ى | ة | ل |
| د | ر | ض | ؤ | د | ل | ل | س | ب | ا | ح | ة | ض | ؤ | ن | د |
| ص | ؤ | ط | إ | ه | ر | ك | ا | ف | آ | ف | س | ل | ة | م | إ |
| ض | ب | غ | ز | خ | ف | ب | ؤ | ل | ذ | ف | ص | ا | ج | ى | م |
| ذ | خ | ئ | ف | ج | ط | ج | م | ا | ن | ر | ب | ت | ر | و | ت |
| س | ظ | ي | ع | د | خ | إ | ك | ي | د | ق | ذ | غ | ي | ص | ا |
| ض | غ | ب | و | س | م | خ | و | س | ظ | غ | م | ع | ا | ث | ل |
| ا | ل | أ | ي | ض | ع | ظ | ا | م | س | ع | ؤ | ك | ض | م | ص |
| ر | ك | و | ب | ا | ل | د | ر | ا | ج | ا | ت | ر | ا | ظ | ح |
| ت | ت | ف | ق | و | ة | ي | م | ح | ئ | ا | ذ | ي | ت | ا | ة |
| ب | غ | ث | و | ر | ث | ا | ل | ر | ك | ض | م | ا | ث | ن | ر |
| آ | ف | ذ | ذ | ظ | ج | د | ت | ة | م | ظ | د | ض | د | ن | د |
| م | ى | ن | ي | و | و | ت | ن | ز | س | ة | ق | ي | ج | ذ | ق |
| ظ | ك | ش | غ | ة | ا | ل | ر | ق | ص | ب | ؤ | ق | غ | و | ل |
| ف | ز | ش | ة | ل | ر | ب | غ | ز | ؤ | ز | ا | ع | ط | ع | ا |

عضلات
برنامج
ركوب الدراجات
للسباحة
رياضات
قوة
الرقص
مدرب
هدف

رياضي
حمية
تغذية
القدرة
الصحة
الركض
عظام
جثة
تعظيم
الأيض

# 18 - Mythologie

ل س و ك ن ت ق ؤ ك م م ا ق ت ن ا
غ ذ ث ا ز ج ى و خ ض ك م ط و ض ة
إ ذ ي ر ي خ ع س ش ظ إ ق و ل خ م
د ق ص ث و ل د ل ك ذ ي غ ى ن ذ م
ظ ص ب ة ك و د و ظ ل ن إ ل ق ب ت
ض ط ط ل ف د خ ك ط ى م د ط ذ ر ا
ل غ ث ط ز ل س ط ض ب ر ا ح م آ ه
ط ف ص ب ق ؤ م ي ر ح س ا ك ت ق ة
ف ف ا ر إ ب ت ح ر ف ل ظ ك ط ب ك
د و ب ي غ ي ك ة ب ل ت ة ت ك د ء
آ ن د آ ا ح ى ح ق و ة ر ي غ ل ا
ة ظ و آ ك ع ع ذ ق ع ف و م ظ و م
ح ق ر ى د ج ط و ع ش ا ط م ث ت س
ح ش د ع ر د و ا ى ق ق س آ ث م ل
ح ن ف ن ز ن ا ش ك ئ ث أ آ ب ة ا
ع خ ب إ خ م د ز آ ك ذ ث ق ؤ إ س

برق
رعد
الغيرة
بطل
بطلة
السماء
كارثة
خلق
مخلوق
محارب

ثقافة
متاهة
أسطورة
سحري
مسخ
انتقام
قوة
مميت
خلود
سلوك

# 19 - Restaurant #2

| | | | | | | | | | | | | | | | |
|---|---|---|---|---|---|---|---|---|---|---|---|---|---|---|---|
| ي | ب | س | و | ز | د | ى | ح | خ | ة | ف | ز | آ | س | س | ض |
| ص | س | ف | ؤ | و | و | ز | و | ط | ق | ف | ء | ا | م | ل | ر |
| م | ش | ر | و | ب | ل | م | ت | ى | ع | ق | ا | ث | ى | ط | ة |
| س | ؤ | ت | ك | خ | ك | ق | ر | س | ل | ر | د | ك | آ | ة | ؤ |
| د | ا | ج | ز | ض | ي | ب | م | ظ | م | د | غ | ح | ه | ط | ص |
| آ | ج | ر | ا | ط | ك | ي | ث | ي | خ | ك | ق | ط | س | ة | ب |
| ذ | ي | ذ | ل | ب | ا | و | ت | خ | ض | ر | و | ا | ت | ك | ك |
| خ | و | ة | ن | و | ر | ك | ع | م | ل | ا | ذ | خ | ح | و | غ |
| ش | إ | ق | ا | ج | ث | ذ | ب | ق | ت | ط | ح | غ | ة | ش | ف |
| ق | ش | ظ | د | ي | ل | ج | ط | غ | إ | ل | ي | ي | آ | ث | ل |
| ظ | ع | ح | ل | م | ك | ب | ص | ئ | ط | و | ا | ك | ك | ن | ك |
| ل | ة | ق | ش | ا | ا | ص | ظ | ل | ط | ت | ذ | غ | د | ق | ر |
| ث | ج | ص | ظ | ك | ظ | ش | ض | ع | و | ب | ع | آ | م | ظ | س |
| ظ | ب | ح | ل | ظ | ت | ط | ض | ر | ص | ب | ص | ق | ؤ | ذ | ز |
| ع | ش | ا | ء | ج | ف | م | ؤ | ا | ط | ن | ص | ب | ع | س | ق |
| د | ظ | إ | ا | ح | س | ا | ء | م | ة | ض | ا | ت | ط | د | غ |

عشاء
بيض
جليد
سمك
فاكهة
شوكة
خضروات
مشروب
توابل
النادل

لذيذ
كيك
ملعقة
غداء
المعكرونة
سلطة
ملح
كرسي
حساء
ماء

# 20 - Ökologie

| | | | | | | | | | | | | | | | |
|---|---|---|---|---|---|---|---|---|---|---|---|---|---|---|---|
| ف | ف | ك | غ | ص | ب | ى | ث | ص | ط | ن | ذ | و | ط | ت | ن |
| ا | ل | م | ت | ط | و | ع | و | ن | ب | ا | ب | ث | ف | م | ج |
| ف | ا | ر | ا | ث | د | و | س | ب | ي | ل | ر | ا | غ | ض | ا |
| ج | ل | د | ع | ل | ى | ن | س | ش | ع | ن | ص | ز | ت | ر | ة |
| ر | ح | د | م | ش | ب | ت | ي | ح | ة | ب | ن | غ | ت | ا | ط |
| ك | ي | ث | ت | خ | إ | ح | ت | ح | ا | ا | ب | م | ة | و | ت |
| و | و | ع | ج | ز | ج | ذ | ر | ب | ث | ت | ة | غ | ي | ه | ص |
| ا | ا | آ | م | ق | خ | ر | م | ي | خ | ي | ا | آ | س | ا | ط |
| ز | ن | ع | ز | ج | إ | و | ن | ص | ة | ة | د | ك | ك | ل | ب |
| ر | ا | ق | ف | ص | ن | ذ | ا | م | س | ت | د | ا | م | م | ي |
| غ | ت | ت | ذ | ز | ة | ب | خ | ع | ا | ل | م | ي | س | و | ع |
| ا | ل | أ | ن | و | ا | ع | ت | ا | ل | ج | ب | ا | ل | ئ | ي |
| ق | ن | إ | غ | د | ا | ل | م | و | ا | ر | د | ظ | ذ | ل | ئ |
| ئ | خ | ى | و | ئ | ح | ط | ل | ك | ذ | ط | خ | ر | ا | خ | ث |
| ش | ؤ | س | ة | د | م | ق | ؤ | ل | ى | ض | ع | ح | ش | د | ئ |
| و | ئ | ذ | ح | ق | ذ | ك | ط | غ | ر | ب | ى | خ | ص | ت | ل |

الأنواع
الجبال
جفاف
الحيوانات
النباتية
المتطوعون
مجتمعات
عالمي
مناخ
الموئل

البحرية
مستدام
طبيعة
طبيعي
نباتات
الموارد
اهوار
نجاة
نبت
تنوع

# 21 - Boote

| | | | | | | | | | | | | | | | |
|---|---|---|---|---|---|---|---|---|---|---|---|---|---|---|---|
| خ | ح | ى | خ | ذ | ط | ئ | ة | د | ك | س | ح | ى | س | ض | ذ |
| و | ز | ب | و | غ | و | ل | ط | إ | إ | ا | ح | آ | ش | س | ر |
| ص | ؤ | ش | ؤ | ن | ف | آ | غ | ذ | ت | خ | ي | ع | ل | ع | د |
| ف | ل | غ | س | ب | ض | ر | ت | إ | خ | ش | ع | ا | ق | ر | ن |
| ع | ز | ق | ة | م | ئ | ب | ح | ي | ر | ة | ا | م | ك | ز | ش |
| غ | ل | خ | أ | د | إ | ط | ظ | ج | ه | ر | ر | ف | ط | م | ش |
| ؤ | م | ة | ص | م | ذ | ا | و | ر | ن | ا | ش | د | ز | ذ | و |
| ق | ن | ا | ق | ف | و | ص | ح | إ | ا | ب | ب | ؤ | م | ع | ن |
| ز | ن | ج | ة | ي | ر | ا | س | خ | ق | ع | ك | ق | د | و | ش |
| ن | د | ن | ي | ص | ئ | ل | ج | خ | آ | ل | ر | ئ | ن | ا | ى |
| ض | خ | ب | ح | ر | ط | ا | ق | م | ط | ا | م | ض | ذ | م | ؤ |
| ظ | غ | ر | ئ | د | ح | ل | ا | ل | ز | و | ر | ق | ك | ة | و |
| ع | ؤ | ا | ي | ف | ن | ب | ن | ك | م | ز | ح | غ | خ | ا | ل |
| ص | ذ | ق | ن | ط | ي | ح | م | ح | ر | ك | ح | ز | ش | س | و |
| ق | ح | ش | إ | غ | ح | ز | د | ط | س | غ | إ | آ | ر | ر | ص |
| غ | ع | ن | خ | آ | م | ؤ | ئ | ك | د | آ | ك | ل | ن | م | ظ |

بحر
محرك
بحري
محيط
قارب نجاة
بحيرة
مركب شراعي
حبل
أمواج
يخت

مرساة
عوامة
طاقم
رصيف
العبارة
طوف
نهر
كاياك
الزورق
سارية

# 22 - Stadt

آ ص آ س ن ح م ف ص ئ ت ق د ص ع ة
ي ة د ى ر ة ط ن ي س ي ن م ا ئ ج
د ى ض ث غ آ ع د ع ز ق ف ل ر ذ
ض د م ج ت ذ م ق ل ف و ذ س و ق س
ر و ه ز ق س ن م ي ز ك ا س ن و غ
ع م ك ب ع ي ا د ة و ح ذ ي ب ط ظ
م ة خ خ و ؤ و ع خ ا ف ز ر غ آ م
ف س خ م م ف ي ز ث ص ا م ي آ د ى
ر ا ط م م س ح إ ذ د ا ح ت ر ذ ف
ن و و ت ك ا ة د ش ر آ ؤ س ز ص ي
ا ل ح ر ط إ ق ئ ك ش ج ة ل ك ص ل
ك ف ص غ ئ ش ي ت ط ؤ إ ع ك آ ق د
س ب ئ خ ر ر د ة ب ت ك م ط ر ج م
ن ن ق ة ث م ح ح ر س م ا ض آ د ل
ك ج ك ن ب ت آ ط ع ح خ ج ت ث ق ع
ى ب ج و إ ع ح آ ح ة ى ن و ف ة ب

سوق
متحف
مطعم
صالون
مدرسة
ملعب
سوبر ماركت
مسرح
جامعة
حديقة حيوان

صيدلية
بنك
مخبز
مكتبة
منسق زهور
مطار
معرض
فندق
سينما
عيادة

# 23 - Aktivitäten

| | | | | | | | | | | | | | | | |
|---|---|---|---|---|---|---|---|---|---|---|---|---|---|---|---|
| آ | س | ش | ب | و | س | ع | ا | د | ج | ر | ظ | ظ | خ | ؤ | ص |
| ط | ل | ب | ا | ع | ل | أ | ل | م | ي | ي | خ | ت | ن | س | ي |
| س | ح | ر | ل | ا | م | ش | ح | ل | ا | ص | م | ل | ا | ظ | د |
| ط | ق | د | ت | س | ت | ش | ي | م | ص | ا | ل | ح | ر | ف | ا |
| ص | آ | ق | ر | ت | ع | ق | ا | ذ | ف | ة | د | ا | ج | خ | ل |
| ق | س | ز | ف | ر | ة | ض | ك | ذ | ص | ح | ص | ذ | ب | ي | س |
| ر | ر | ش | ي | خ | ن | ل | ة | ز | و | ص | ق | ل | ق | ا | م |
| ل | ف | ا | ه | ا | ظ | ج | ا | ل | ل | و | ح | ة | و | ط | ك |
| ا | د | د | ء | ء | ؤ | ت | ج | ا | ت | إ | ط | ف | ق | ة | ص |
| ل | ث | د | ز | ة | ب | س | ت | ن | ة | ا | ج | ص | ح | ث | ق |
| ن | ش | ا | ط | م | ه | ا | ر | ة | ن | إ | ي | ف | ى | ى | د |
| ض | ف | ت | ص | و | ي | ر | ح | ب | ى | ث | ذ | ر | آ | ف | و |
| ر | ة | و | آ | ئ | ظ | ث | ح | ب | آ | ش | ح | ب | ص | ر | ث |
| ش | د | ظ | آ | ق | ط | ت | ص | م | آ | ث | د | س | ش | ط | ف |
| ذ | ا | ا | ئ | ي | د | ف | ن | ح | آ | ر | ش | ص | ك | ذ | خ |
| ة | ى | ئ | ظ | ا | ح | م | ز | د | ي | ج | ؤ | ا | ح | ث | ع |

الصيد
فن
الحرف
قراءة
سحر
خياطة
ألعاب
الحياكة
الرقص
متعة

نشاط
صيد السمك
تخييم
استرخاء
مهارة
تصوير
الترفيه
بستنة
اللوحة
المصالح

# 24 - Bienen

| | | | | | | | | | | | | | | | |
|---|---|---|---|---|---|---|---|---|---|---|---|---|---|---|---|
| إ | ي | ئ | ي | ب | ل | ا | م | ا | ظ | ن | ل | ا | م | ر | و |
| ج | ش | ز | ت | ح | ح | ل | ئ | و | م | ل | ا | و | ي | ي | إ |
| ح | ط | م | ة | خ | ع | م | إ | ل | آ | ب | د | ر | ف | غ | و |
| ا | ا | غ | ع | ل | م | ل | خ | ز | ز | ن | ب | ا | ت | ا | ت |
| إ | ف | د | ص | ي | إ | ق | و | ل | ج | ش | ئ | ز | ظ | ف | ذ |
| ذ | ج | ض | ك | ة | ة | ح | ن | ج | أ | د | خ | ا | ن | ط | ذ |
| خ | ف | د | ث | ط | ق | ا | ى | ا | ي | ش | غ | ت | د | آ | إ |
| ن | ا | و | ي | ة | ي | ت | م | ز | ى | م | ع | ئ | ت | ر | ر |
| ف | ا | ك | ه | ة | د | ظ | ت | ف | ف | ر | ؤ | ز | س | ر | ب |
| غ | ا | س | ط | و | ح | ث | ن | ة | ي | ل | آ | ه | م | ب | ت |
| ح | و | ح | ب | ذ | إ | ح | و | ئ | ج | د | ش | ر | ل | ش | غ |
| ش | ظ | ث | ذ | ع | س | ل | ع | إ | ئ | ج | م | و | ك | ج | ج |
| ر | ل | ق | ا | ح | ب | خ | ظ | غ | ض | ص | س | ه | ة | ق | د |
| ة | ث | ح | م | ن | ض | و | غ | ض | ب | ي | ت | ز | ح | ص | ش |
| ت | ع | ل | ت | ؤ | م | ئ | خ | إ | ط | إ | ب | ل | ر | ق | م |
| ى | د | خ | ر | د | ك | ق | س | ش | ث | م | خ | ا | ظ | ح | ك |

الموئل
النظام البيئي
نباتات
لقاح
دخان
سرب
شمس
تنوع
مفيد
شمع

الملقحات
خلية
الزهور
زهر
أجنحة
فاكهة
حديقة
عسل
حشرة
ملكة

# 25 - Wissenschaftliche Disziplinen

| | | | | | | | | | | | | | | | |
|---|---|---|---|---|---|---|---|---|---|---|---|---|---|---|---|
| ع | س | ق | إ | ش | م | ي | ك | ا | ن | ي | ك | ا | ع | ا | ع |
| ل | ح | ئ | ج | ج | ب | ت | س | ت | ل | د | ى | ة | ل | ل | ل |
| م | ف | ى | و | ل | غ | ي | س | ش | ت | ظ | ك | ف | م | ف | م |
| ا | ي | ت | ا | ت | و | ب | و | ر | ل | ا | ع | ر | ا | ي | ا |
| ل | س | ت | ك | ح | آ | آ | ل | ي | إ | ش | د | خ | ل | ز | ل |
| آ | ع | ب | خ | ح | ث | ث | ح | ح | ن | ن | ض | ت | م | ي | ن |
| ث | ع | ت | ا | ب | ن | ل | ا | م | ل | ع | ء | ب | ع | ا | ف |
| ا | ل | ع | ل | م | ا | ل | ا | ج | ت | م | ا | ع | ا | ء | س |
| ر | م | ا | ذ | ط | ي | ص | ج | ى | ف | ش | ي | س | د | ا | ك |
| ت | ا | ي | ن | ا | س | ل | ع | ي | خ | ل | م | ا | ن | ن | ى |
| ى | ل | ج | ك | ش | ف | ر | إ | أ | و | خ | ي | ت | ت | ب | ح |
| ذ | ف | و | ا | ج | إ | ي | ع | س | ل | ل | ك | ر | ك | ئ | م |
| ذ | ل | ل | آ | ش | ظ | ك | ر | ة | ر | ا | و | ز | ا | ح | ض |
| ث | ك | و | ؤ | ى | ج | س | ي | ق | ة | ى | م | ج | ب | و | س |
| ة | ئ | ي | ب | ل | ا | م | ل | ع | ى | ؤ | ت | ل | ي | ح | ب |
| ث | غ | ب | ف | ي | ز | ي | و | ل | و | ج | ي | ا | ع | ا | د |

تشريح
علم الآثار
علم الفلك
بيولوجيا
علم النبات
كيمياء
جيولوجيا
لسانيات
ميكانيكا

علم المعادن
علم الأعصاب
علم البيئة
الفيزياء
فيزيولوجيا
علم النفس
الروبوتات
علم الاجتماع

# 26 - Vögel

| | | | | | | | | | | | | | | | |
|---|---|---|---|---|---|---|---|---|---|---|---|---|---|---|---|
| ل | ب | ب | ب | ج | ك | إ | ئ | ا | ل | غ | ر | ا | ب | ا | ش |
| ح | إ | ق | ؤ | س | ة | ط | ب | ع | ج | ب | ل | ا | غ | ل | ة |
| ن | ئ | ك | ر | م | م | ؤ | ن | ي | ك | ب | ض | ذ | و | ط | ب |
| ث | س | ع | ص | ف | و | ر | ط | د | ص | غ | ح | ظ | ص | ا | ر |
| م | ي | ر | ذ | ط | ب | ن | ح | ا | م | إ | | ع | ت | و | ش |
| ز | ا | ن | ن | و | ل | ر | ئ | ش | ف | ء | ا | ي | ح | و | ل |
| ق | ا | ل | ج | آ | ظ | ح | ظ | آ | ض | د | ا | ش | م | س | ظ |
| ا | ل | ر | ب | ك | ذ | ز | ل | ز | ض | ت | ل | ز | ا | ث | ئ |
| ن | ف | ص | ر | ط | ق | ن | و | ر | ي | ه | ل | ا | م | خ | ز |
| ج | ت | آ | خ | د | ر | ز | و | إ | ث | م | ق | ل | ة | ب | غ |
| ي | ي | ذ | ى | ت | ب | ي | ن | ر | ن | ي | ل | و | ف | ن | ذ |
| إ | ص | ز | د | ؤ | ظ | ب | ق | م | س | ظ | ق | ق | ا | ص | ب |
| د | ل | ذ | ج | خ | إ | ي | ح | م | ا | إ | ش | و | ج | ع | غ |
| آ | س | ب | ا | ر | غ | ض | ض | ة | ص | ز | ص | ا | خ | ط | ت |
| س | ذ | غ | ج | غ | ر | ة | ع | ج | ب | ب | ة | ق | ح | ك | م |
| ب | ج | ص | ي | آ | و | و | ؤ | ت | ح | ى | ا | ر | ذ | ل | ف |

نسر
بيضة
بطة
بومة
نحام
إوز
دجاج
غراب
الوقواق
نورس

ببغاء
البجع
الطاووس
البطريق
الغراب
هيرون
بجعة
عصفور
اللقلق
حمامة

# 27 - Biologie

| | | | | | | | | | | | | | | | |
|---|---|---|---|---|---|---|---|---|---|---|---|---|---|---|---|
| ك | ة | ؤ | ت | ي | ى | ط | ك | ن | ظ | ج | ت | ز | ص | ن | ا |
| ب | ق | ا | ط | ع | ص | ب | ر | ل | و | ف | ض | خ | ز | ع | ل |
| ش | ر | آ | و | ض | ط | ج | و | ف | ح | ا | و | ز | ل | ا | ك |
| م | ش | و | ر | ذ | ف | ن | م | ق | ظ | غ | ة | غ | ك | ت | و |
| ل | ض | ي | ت | ح | ر | ي | و | خ | ك | ت | ي | ط | ك | ع | ل |
| ا | ع | ة | ا | ي | ة | ن | س | ر | م | آ | ل | ض | ت | ن | ا |
| ة | ق | خ | ي | ر | ن | ئ | و | ص | ك | ذ | خ | ف | ب | ش | ج |
| ب | ش | ؤ | ي | ش | ا | و | م | ص | ي | خ | ى | ر | ز | ض | ي |
| ظ | آ | م | د | ت | ب | ذ | ي | ف | ط | ب | ة | ي | ئ | ظ | ن |
| ي | ة | ق | ث | ا | ص | ز | ز | ف | ب | ك | ؤ | غ | ح | ق | ظ |
| إ | ا | ك | ل | ت | ع | د | ن | ذ | ي | ت | د | ي | خ | ا | ى |
| د | ض | خ | ا | ا | ن | ئ | ا | د | ع | ك | آ | ه | آ | خ | إ |
| ت | ط | ض | خ | ب | ر | ا | ق | ق | ي | ا | ث | ر | خ | غ | ح |
| ل | ن | ض | آ | ن | ى | ض | ض | غ | ف | ف | ك | م | ط | ص | ن |
| و | إ | ئ | ذ | ز | ك | ؤ | ب | ج | ث | ل | ك | و | ص | ز | ؤ |
| ش | إ | خ | ا | ر | و | ش | س | ئ | و | ص | ن | ن | ي | ئ | ب |

| | |
|---|---|
| تشريح | عصب |
| كروموسوم | عصبون |
| جنين | تناضج |
| انزيم | نباتات |
| تطور | بروتين |
| هرمون | الزواحف |
| نواة | الثدييات |
| الكولاجين | تكافل |
| طفرة | المشبك |
| طبيعي | خلية |

# 28 - Garten

ا ز إ ؤ ط ر خ ي د ي أ ط ج ز د ض
ل ف ش ز خ و ن ى ب ش ى ض غ ض ي ن
ت ة ر ه ز ا ك ر ع ب ا ش ع أ ل ا
ر ب ش ئ ت ق ك ل ع ض ش ش ز ف خ ب
ا ط ش ج ر ة ا ق ب ر ق ئ ى ر ض س
م ص ح إ ؤ ل ب ض ئ ث ق ى ط ب ض ت
ب م م ي ن ة ح و ج ر أ و ج ر ة ا
و آ س ا ؤ ف ز ز ط خ م ي إ ع ق ن
ل غ ر ف ة ر ج ا ر ك ر ب ص آ ظ ل
ي غ ح ح س ج ا ي إ ز د ر ع ج ظ ا
ن ذ ل ب ب م ي ج ح ذ م ر ص ض ل ذ
ؤ ر ض و ك ت س ك ق ذ م ئ س ض ج ك
ب ش ع ش ة ق ي د ح ب خ ل ا ل ض غ
ذ ض ذ ر ف ح ل ع ك ر ى خ ب ة ت و
ن إ ع ب ا ى ذ ق ة ت آ ب ف د ص ر
ر م ب ظ م ب ظ م خ خ ف و ة ب ر ت

مقعد
شجرة
زهرة
تربة
بوش
كراج
حديقة
عشب
أرجوحة
بستان

أشعل النار
مجرفة
خرطوم
بركة
مصطبة
الترامبولين
الأعشاب
رواق
سياج

# 29 - Antarktis

| | | | | | | | | | | | | | | | |
|---|---|---|---|---|---|---|---|---|---|---|---|---|---|---|---|
| ش | ب | ه | ج | ز | ي | ر | ة | ة | ث | ع | ب | ل | ا | ئ | د |
| ج | د | ئ | م | إ | م | آ | ك | و | ح | ح | ا | ي | ر | خ | ر |
| غ | ط | ث | ك | ت | ل | س | ا | ز | ا | ذ | ت | ى | ئ | ا | ج |
| ر | م | ة | ع | ت | ع | ص | ن | ك | ب | ح | ج | ف | ل | ة | ة |
| ا | و | و | ذ | ن | ل | س | ق | ط | ح | ث | ر | ذ | ب | ر | ا |
| ف | ج | ؤ | إ | ت | ن | آ | ض | ب | ي | ف | ز | س | ع | ا | ل |
| ي | ط | ق | ت | ك | و | ف | إ | و | ة | ذ | إ | ص | ا | ق | ح |
| ة | خ | إ | ظ | ؤ | خ | ض | ح | غ | د | ذ | ظ | إ | ل | ئ | ر |
| م | د | س | ؤ | و | ن | ص | ش | ر | ص | و | خ | ق | ج | ش | ا |
| ؤ | ا | ع | ح | ظ | ق | ئ | ا | ا | د | خ | ح | ص | ز | ذ | ر |
| ا | إ | ط | ا | ل | ح | ف | ظ | ف | آ | ت | ر | ة | ر | ق | ة |
| ص | ل | ق | ل | ئ | ح | ة | د | ي | ل | ج | إ | ي | ل | ف | ب |
| ل | ض | ط | ذ | ن | ك | ض | ى | ا | ط | ل | ى | ع | ر | ت | ض |
| م | ف | ض | ي | ا | ل | م | ع | ا | د | ن | ش | ج | ظ | ك | ا |
| ا | ل | ص | ز | و | ئ | ن | ج | ا | ج | إ | ص | ع | ت | ت | ئ |
| ء | ب | ع | ق | ة | ر | ج | ه | ز | ا | ت | ث | ؤ | ة | ث | ش |

كوف
جليد
الحفظ
البعثة
صخري
باحث
جغرافية
شبه جزيرة
الجزر
قارة

هجرة
المعادن
درجة الحرارة
طبوغرافيا
بيئة
الطيور
ماء
طقس
رياح
علمي

# 30 - Fahren

| | | | | | | | | | | | | | | | |
|---|---|---|---|---|---|---|---|---|---|---|---|---|---|---|---|
| ة | ي | ث | غ | ش | ي | ؤ | ج | ة | ن | ح | ا | ش | م | ث | س |
| و | خ | ر | ي | ط | ة | و | ذ | ص | ش | ز | ا | غ | ج | ق | ي |
| ط | ق | ف | ن | ة | ي | ض | ؤ | خ | ن | ؤ | ح | د | م | ئ | ا |
| ظ | ئ | و | ة | آ | ر | ط | إ | ر | ذ | ح | ل | ا | ث | خ | ر |
| د | ع | ذ | د | ت | ا | ا | د | ط | ج | ر | س | ر | ع | ة | ة |
| إ | ق | ض | ض | ز | ن | د | و | خ | ض | آ | و | و | ر | ط | ة |
| ك | أ | م | ن | ز | ة | ض | ي | ذ | ز | م | ح | ر | ك | ر | ى |
| ط | ر | ذ | ل | ع | ج | ث | ة | ل | و | ي | ي | م | ف | ش | ب |
| ح | ة | ا | إ | س | ا | ا | ظ | ب | إ | س | ى | ل | ف | ز | ظ |
| غ | ف | ئ | ج | ف | ر | ل | إ | ب | ح | ى | ض | ا | ط | ر | إ |
| ش | ح | ب | ز | ع | د | ن | ب | ز | د | ب | ر | ة | ل | ذ | غ |
| ئ | ى | ب | ث | ئ | ن | ق | ؤ | ك | ص | ض | ك | ك | ض | ن | ئ |
| ة | ث | ف | ج | ز | م | ل | ح | ا | ف | ل | ة | ر | ن | د | ك |
| ن | و | آ | ر | ش | ؤ | ف | ل | ى | ى | ة | ي | ح | ب | ئ | ت |
| ط | ا | ع | ر | ة | د | ش | ر | ع | ض | ة | ة | ف | و | ا | ك |
| ف | ر | ا | م | ل | غ | ف | د | ب | ي | ؤ | و | ذ | ئ | ت | ع |

سيارة
فرامل
وقود
حافلة
كراج
غاز
خطر
سرعة
خريطة
رخصة

شاحنة
محرك
دراجة نارية
شرطة
أمن
النقل
نفق
حادث
حركة المرور
الحذر

# 31 - Physik

| | | | | | | | | | | | | | | | |
|---|---|---|---|---|---|---|---|---|---|---|---|---|---|---|---|
| د | ة | ع | ر | س | ق | ت | إ | م | م | ذ | ع | ي | ي | ش | د |
| ت | ف | ي | ي | ئ | ن | ج | ق | م | ي | ك | ا | ن | ي | ك | ا |
| خ | ا | ر | غ | ئ | ف | ر | ف | ى | ت | ى | د | س | ث | ل | ع |
| ب | ث | س | ت | ر | آ | ب | م | و | ص | د | ظ | ي | ن | ظ | ك |
| ص | ك | ت | م | د | ت | ة | ر | ن | س | ذ | ع | س | و | ذ | آ |
| د | ا | و | م | ي | ر | ط | ك | ز | ض | ذ | ب | م | ر | د | ر |
| ش | ذ | ن | آ | ن | د | ن | ب | ح | ز | ي | ر | ص | ت | ظ | ئ |
| إ | م | ي | س | ج | د | ا | ة | ى | ة | ة | ر | ذ | ك | ك | ر |
| م | ذ | إ | ن | ذ | إ | ز | إ | ض | ن | ض | ك | ط | ل | س | ج |
| ع | ص | ى | ت | س | ي | ل | ش | و | ث | ظ | ض | ى | إ | م | ف |
| ا | آ | ى | ت | س | ف | ش | و | ف | و | ل | ر | ي | غ | ح | س |
| د | غ | س | خ | ؤ | ذ | ي | و | ز | ا | ل | س | ص | ي | ى | ظ |
| ل | ئ | ع | ع | ح | م | ط | ط | ر | م | ج | ئ | ع | ز | ا | غ |
| ة | ر | ك | ت | ل | ة | ي | س | ي | ط | ا | ن | غ | م | ل | ا |
| ت | ا | آ | ا | آ | ظ | ك | ر | ح | م | ث | ئ | ن | ج | ف | ج |
| ف | ع | ع | ف | ط | ة | ظ | ن | ظ | ع | ث | خ | إ | ث | ن | ئ |

ذرة
تسريع
فوضى
كثافة
إلكترون
تجربة
معادلة
تردد
غاز
سرعة

المغناطيسية
كتلة
ميكانيكا
مركب
محرك
نووي
جسيم
النسبية
عالمي
متغير

# 32 - Bücher

| | | | | | | | | | | | | | | | |
|---|---|---|---|---|---|---|---|---|---|---|---|---|---|---|---|
| م | ا | ذ | غ | ت | س | ي | ا | ق | ا | ل | ك | ل | ا | م | ا |
| ك | ل | ي | م | ا | ك | آ | آ | م | أ | ا | ش | ا | ر | ل | ل |
| ت | ر | ث | أ | ر | و | ر | ؤ | ع | د | د | ب | ذ | ا | ح | ا |
| و | ا | غ | س | ي | ي | ل | د | خ | ب | ذ | آ | ؤ | ف | م | ز |
| ب | و | ص | ا | خ | ف | ب | خ | ش | ي | ر | و | ا | ي | ة | د |
| خ | ي | ق | و | ي | و | و | ع | ر | ر | ق | م | ب | د | ع | و |
| ا | خ | خ | ي | ض | ح | ر | ذ | ت | ج | ا | ة | ي | ش | و | ا |
| ح | ظ | ظ | ب | ظ | ل | ف | ف | ل | ك | ص | ص | ص | ة | م | ج |
| ش | آ | ئ | ر | ا | ق | ت | غ | ث | ت | ق | ك | ح | إ | ج | ي |
| ق | ي | غ | ع | ئ | ش | ل | ق | ة | ر | م | ا | غ | م | م | ة |
| ب | ك | ل | ح | ط | ش | ض | ى | ل | خ | ع | ة | ش | ل | ف | ص |
| ط | ش | ع | ت | ش | د | ش | م | س | م | ذ | ؤ | ئ | ئ | خ | ق |
| ذ | ز | ع | ي | ر | ئ | ث | ع | ل | ف | د | ت | ة | ج | ع | س |
| ن | ض | ز | خ | آ | ظ | ذ | ن | س | ل | خ | ث | ك | ة | ذ | ع |
| ط | ر | و | ح | ا | ل | د | ع | ا | ب | ة | ح | ف | ص | ى | س |
| ز | ى | غ | ب | ص | ى | ظ | ب | ف | ش | ي | ج | ق | س | ر | ض |

| | |
|---|---|
| روح الدعابة | مغامرة |
| مجموعة | مؤلف |
| سياق الكلام | الازدواجية |
| قارئ | ملحمة |
| أدبي | مبدع |
| شعر | الراوي |
| رواية | قصيدة |
| صفحة | قصة |
| سلسلة | مكتوب |
| مأساوي | تاريخي |

# 33 - Menschlicher Körper

| | | | | | | | | | | | | | | | |
|---|---|---|---|---|---|---|---|---|---|---|---|---|---|---|---|
| خ | ف | ب | ق | و | ئ | د | م | ا | غ | ف | ن | أ | ظ | ى | ض |
| ن | س | ش | ص | ز | ف | ى | إ | ي | ك | م | ا | ذ | ع | غ | ف |
| ك | ة | ص | ر | ز | ك | ك | و | ع | ح | ف | س | ج | ئ | ف | ح |
| د | إ | ص | ب | ع | ش | ا | أ | ذ | ن | غ | ل | ر | ق | آ | ل |
| د | ق | ل | ل | ب | ظ | ى | م | ك | ص | ت | ث | ك | آ | ف | ض |
| ئ | ى | ى | ف | س | ع | غ | د | ت | خ | ف | ي | ج | آ | م | إ |
| ز | ث | ت | ث | ز | م | ظ | م | ف | م | ف | ث | س | ز | ت | س |
| ض | ع | ظ | ذ | ق | ي | ي | ل | ج | ق | ت | ص | ئ | ذ | ز | ي |
| ش | ت | ض | إ | ذ | ف | خ | ل | ج | ج | غ | ا | ه | ج | و | ئ |
| آ | ك | غ | ت | ؤ | ق | ز | ق | ث | ب | ر | ق | ل | ل | ج | ر |
| ذ | ن | ب | ع | ص | ن | ل | ر | س | ص | ة | خ | خ | د | آ | ر |
| ع | ذ | س | ض | غ | ز | ي | ب | ا | ج | ط | م | ذ | ن | ز | ك |
| ح | ق | ي | ح | آ | غ | غ | ج | ع | خ | ئ | غ | ة | ض | غ | ب |
| ل | ن | خ | ة | ح | ر | ك | خ | م | ئ | ع | ت | ل | خ | ح | ة |
| ك | ا | ح | ل | ب | و | ؤ | ث | ي | د | ر | ق | ب | ة | ك | ي |
| غ | ي | ت | س | آ | س | ص | ق | ق | ئ | خ | ا | ق | س | ئ | ك |

فك
ذقن
ركبة
كاحل
رئيس
فم
أنف
أذن
كتف
لسان

رجل
دم
كوع
إصبع
دماغ
وجه
رقبة
يد
جلد
قلب

# 34 - Agronomie

| | | | | | | | | | | | | | | | |
|---|---|---|---|---|---|---|---|---|---|---|---|---|---|---|---|
| ن | ط | ح | ز | ط | ث | م | ع | غ | خ | خ | غ | ح | ر | ى | ز |
| ا | ة | م | ظ | ح | و | س | ج | م | ت | ر | ف | ك | ت | ر | ؤ |
| ل | ج | ا | ت | ن | إ | ت | ج | ك | إ | ا | س | م | ا | د | ح |
| أ | ا | غ | ج | ق | ذ | د | ث | ئ | ى | خ | م | ع | و | ئ | ر |
| ن | ط | ؤ | ض | ز | ة | ا | ن | ب | ي | ئ | ة | ء | ر | ذ | ى |
| ظ | ة | س | ا | ر | د | م | م | ح | ز | ب | ظ | ا | ض | ى | س |
| م | ة | ث | ر | ع | ص | د | و | ن | ر | ل | ل | م | خ | ع | ظ |
| ة | ث | ض | م | ة | ن | ب | ا | ت | ا | ت | ض | ق | ل | ض | ة |
| ئ | ر | ب | أ | ن | ك | م | ل | ع | ل | ج | ة | د | ذ | و | ث |
| ي | ت | ث | ل | ك | ص | آ | ع | و | ح | ة | ق | ر | و | ي | ط |
| ب | إ | ب | ا | ذ | ا | ا | ث | ب | ي | ر | ف | آ | ض | ل | ر |
| ل | ي | ث | ر | و | ج | ظ | ؤ | ك | ز | ك | ج | ف | آ | ر | ى |
| ا | ص | ت | ص | ا | س | ض | آ | ك | م | ئ | ع | ذ | ي | غ | ز |
| م | ة | ق | ا | ط | ب | ى | ئ | و | ب | ى | ة | ي | ذ | ث | آ |
| ل | ض | ر | ح | ى | ع | ظ | ل | ل | ك | آ | ت | ت | ص | ب | ة |
| ع | ض | ظ | إ | ح | ق | ث | ص | ي | ص | ن | ث | ذ | ي | ن | ى |

علم البيئة
نباتات
إنتاج
دراسة
الأنظمة
بيئة
التلوث
نمو
ماء
علم

تربة
سماد
طاقة
تآكل
خضروات
الأمراض
زراعة
قروي
مستدام
عضوي

# 35 - Landschaften

| | | | | | | | | | | | | | | | |
|---|---|---|---|---|---|---|---|---|---|---|---|---|---|---|---|
| ش | إ | ب | ض | ذ | غ | خ | ع | ش | ن | ك | و | ح | ل | ض | ج |
| ش | ب | ه | ج | ز | ي | ر | ة | ج | ل | ث | م | ظ | خ | ض | ا |
| ش | إ | ك | ي | د | ا | و | ح | ف | ط | ز | و | ش | ذ | ل | ر |
| م | ش | ه | ش | ي | ج | ئ | ا | ر | د | ن | ت | خ | خ | ا | ى |
| ت | ب | ف | ل | ل | ب | آ | و | ح | ن | آ | ت | ل | ئ | ل | ص |
| ل | ح | خ | ا | ج | ل | ي | ج | ب | م | ب | ي | ف | آ | س | د |
| م | ي | غ | ل | ل | س | ر | ه | ن | ر | ج | ط | آ | ش | ل | س |
| و | ر | ص | ج | ب | إ | ع | ى | ك | د | ا | ى | ة | ر | م | ش |
| ى | ة | ح | غ | ج | ك | ق | ا | ف | ص | ض | م | ج | ف | ة | ت |
| ا | ر | ر | ذ | ئ | إ | ن | ش | ؤ | ت | ذ | د | ض | ج | ب | ظ |
| ا | ي | ا | ش | س | ح | ت | ا | ى | ن | ق | ى | ق | ب | إ | غ |
| ؤ | ز | ء | ح | ا | ع | س | ط | ت | ي | غ | ط | ث | ة | م | ع |
| ؤ | ج | ة | ك | ح | إ | م | ئ | ؤ | ط | ض | ج | ب | ط | إ | س |
| ج | ل | خ | ز | ل | و | ك | ر | ة | غ | س | ظ | د | د | خ | ة |
| ط | ج | ز | ط | ل | ث | ض | س | ؤ | ع | ب | ك | و | ا | ك | ز |
| ذ | ز | ز | آ | ص | ض | ة | ف | م | ة | ي | ؤ | ن | ب | ش | ج |

جبل
جبل جليد
نهر
سخان
مثلجة
الخليج
شبه جزيرة
كهف
تل
جزيرة

بحر
واحة
بحيرة
شاطئ
مستنقع
وادي
تندرا
بركان
شلال
صحراء

# 36 - Abenteuer

| | | | | | | | | | | | | | | | |
|---|---|---|---|---|---|---|---|---|---|---|---|---|---|---|---|
| م | ش | س | ئ | ؤ | ع | ر | ا | إ | ظ | خ | و | ظ | ط | ب | ض |
| ز | س | ح | م | ا | س | ط | ع | ص | ج | ن | ج | ض | و | ى | ض |
| ف | إ | ا | ة | ب | ا | ب | ة | ل | ح | ر | م | خ | ى | ف | د |
| ط | ت | ل | ر | آ | د | ي | د | ج | ل | ا | غ | آ | ث | ح | ؤ |
| أ | م | ن | ي | ا | غ | ع | ص | ي | ئ | ل | ب | ذ | ظ | غ | ع |
| غ | آ | ن | ط | ؤ | ل | ة | ص | ع | و | ب | ة | ه | ج | و | غ |
| ي | ش | ش | خ | ة | د | ر | ظ | آ | ؤ | ض | ص | ف | ض | س | ظ |
| ر | ؤ | ا | ت | ئ | ت | ط | ح | ز | ئ | ح | ر | ئ | ن | ل | ي |
| ع | ي | ط | ث | ئ | ح | ض | ف | ل | ف | ج | ف | ة | ة | ن | س |
| ا | ؤ | ش | س | ث | ض | ا | ئ | خ | ة | ا | ل | س | ف | ر | ى |
| د | ش | آ | ي | ك | ي | ا | ل | م | ل | ا | ح | ة | ا | ر | ة |
| ي | ع | غ | و | إ | ر | م | ي | ذ | ر | ض | ص | أ | ر | ة | ت |
| ا | ك | ع | ع | م | ظ | ظ | ف | ح | غ | ب | ق | ج | ح | و | ب |
| ب | ش | ز | ز | ن | ل | ر | ز | ج | ب | ا | ج | ا | ن | ر | ؤ |
| ئ | ص | خ | ا | م | آ | غ | ج | م | ا | ل | و | ف | ا | ق | د |
| ش | ج | ا | ع | ة | ج | ف | و | ا | ف | ض | ا | م | م | ف | ة |

السفر
مسار الرحلة
جمال
صعوبة
أمن
شجاعة
غير عادي
مفاجأة
تحضير
وجهة

نشاط
انحراف
حماس
فرصة
مرح
اصحاب
خطير
طبيعة
الملاحة
الجديد

# 37 - Flugzeuge

| | | | | | | | | | | | | | | | |
|---|---|---|---|---|---|---|---|---|---|---|---|---|---|---|---|
| س | ا | و | ن | ر | ء | ف | إ | ء | ا | و | ه | ى | ا | ض | ي |
| ن | ل | ك | س | ن | ا | ق | ك | ز | ل | ص | ا | ظ | إ | ة | ش |
| ف | ت | ت | ئ | ل | ن | ك | خ | ا | ت | ث | ش | ع | ح | ض | غ |
| خ | ص | س | ك | ب | ب | ر | ب | ر | ا | ا | ط | ي | م | آ | غ |
| ا | م | ق | ا | ط | ة | ح | آ | ت | ر | ح | ل | ض | ع | آ | ط |
| د | ي | ط | ي | ا | ر | م | س | ف | ي | ث | ب | ت | ر | ل | ي |
| ا | م | ى | ج | ح | إ | غ | ط | ا | خ | ا | إ | ك | ن | س | و |
| ض | ل | ل | ح | ى | ص | ل | ل | ع | ش | آ | ز | ك | ي | ق | ج |
| ط | ص | ح | ذ | ظ | ذ | م | ئ | ع | ا | ك | ز | ف | ج | ث | ل |
| ر | ع | ظ | ئ | ن | ف | ع | س | ث | ب | خ | ط | د | و | ش | ا |
| ا | ك | ي | ح | و | ا | ر | م | ى | غ | خ | ي | ؤ | ر | و | ف |
| ب | ت | ذ | ع | ل | ق | ر | ا | ع | ش | إ | ظ | ح | د | ر | ا |
| د | ى | ا | ش | ا | ك | و | ء | ق | ع | ع | ن | د | ي | ط | ل |
| غ | ر | ل | ض | ب | ئ | ح | د | ع | ز | ا | ر | ض | ه | ج | غ |
| ة | خ | ش | ن | س | خ | ز | و | آ | م | غ | ا | م | ر | ة | ل |
| م | ؤ | و | د | ى | د | غ | ع | ط | ة | ي | ل | ع | ص | ق | ا |

بناء
هواء
محرك
التنقل
راكب
طيار
مراوح
اضطراب
هيدروجين
طقس

مغامرة
اصل
الغلاف الجوي
بالون
وقود
طاقم
التصميم
التاريخ
سماء
ارتفاع

# 38 - Haartypen

| | | | | | | | | | | | | | | | |
|---|---|---|---|---|---|---|---|---|---|---|---|---|---|---|---|
| ص | ر | غ | ج | ئ | ث | أ | ق | ن | ر | ئ | ا | ف | ض | ل | ا |
| ظ | م | ن | و | ل | م | س | ص | ر | ق | ي | ل | ي | و | ط | خ |
| إ | ا | ب | م | ن | ع | و | ي | إ | ش | ق | ؤ | ن | ل | س | ص |
| ر | د | ر | ت | ة | ا | د | ر | ل | ا | ط | آ | ب | ك | ح | ح |
| ذ | ي | م | م | ظ | ن | ي | ة | أ | ش | ق | ر | ق | ي | ق | ت |
| د | ش | خ | م | س | د | غ | ص | ا | ك | ح | و | إ | م | ن | ي |
| ش | ا | ص | ذ | إ | غ | ل | و | غ | ج | س | ا | ا | س | ر | ك |
| س | م | م | ش | ذ | ع | ر | ع | ش | ل | ا | د | ي | ع | ج | ت |
| ز | ظ | ض | ض | د | ظ | ز | ك | س | ب | ر | س | ذ | ت | ج | و |
| د | إ | ف | ظ | أ | ى | ح | ك | ا | س | ق | ط | ا | ى | ض | خ |
| ي | ى | ر | ب | س | غ | ظ | ئ | ح | ل | ك | ئ | ف | ق | ظ | ن |
| ب | و | ي | ت | ا | ط | ى | ؤ | ي | ظ | خ | ظ | ش | م | ذ | ص |
| ف | ض | ة | خ | د | ر | س | ن | غ | س | س | ص | د | ع | ج | م |
| ا | ى | آ | ت | ذ | و | ل | ق | ة | ق | ا | ت | ث | آ | ح | ت |
| ج | ى | ؤ | خ | ق | ف | ئ | و | ر | و | ي | ص | ط | ث | ع | ذ |
| ث | ى | ث | غ | د | ب | ج | ا | ي | ك | إ | ش | ف | ش | ج | |

طويل
تجعيد الشعر
مجعد
أسود
فضة
جاف
ناعم
أبيض
متموج
الضفائر

أشقر
بني
سميك
رقيق
ملون
مضفر
صحي
رمادي
أصلع
قصيرة

# 39 - Essen #1

| | | | | | | | | | | | | | | | |
|---|---|---|---|---|---|---|---|---|---|---|---|---|---|---|---|
| ز | ض | ح | و | د | ص | ج | ا | ظ | ح | ز | ؤ | ش | ب | ل | خ |
| د | ج | ل | ذ | ط | ي | غ | ح | ل | ش | ع | ي | ر | ي | ص | ع |
| ر | ا | د | و | ث | ئ | س | ي | ص | ق | ج | خ | ل | ث | ؤ | ش |
| خ | ؤ | ت | ز | ش | ا | ب | غ | ب | ظ | ز | ذ | ض | إ | خ | ش |
| غ | خ | ط | د | ء | ي | ذ | ز | ج | ح | ط | ز | ت | ع | د | د |
| ع | ى | ذ | ث | ا | ى | م | ز | ك | ي | د | ز | خ | ث | ة | ى |
| ق | ج | ر | ؤ | غ | ت | ئ | ح | ر | ج | خ | إ | ز | ى | س | ج |
| ز | ج | ع | آ | ق | و | ة | ف | ر | ق | ى | ص | ج | ي | ا | غ |
| ة | ز | س | ب | ا | ن | خ | م | ح | ل | ر | ز | ج | ظ | ف | آ |
| ط | ت | ى | س | ي | ة | ف | إ | س | ش | ث | ن | ا | ح | ي | ر |
| ل | ف | ت | ق | ذ | ك | ؤ | ص | ظ | ق | م | ؤ | ل | ذ | إ | ث |
| س | ر | خ | ع | ر | ش | ة | ى | ل | ه | ك | ث | ي | ع | ت | و |
| ئ | ا | م | ك | ل | ت | ؤ | ض | آ | و | ى | ز | م | آ | ئ | م |
| ش | و | س | خ | ى | ك | إ | ق | خ | ة | ك | ص | و | ي | ي | س |
| ش | ل | ئ | ظ | ظ | ش | آ | ا | ئ | ث | ض | إ | ن | ح | ل | م |
| ا | ة | ر | إ | ظ | ن | ف | س | ل | ا | إ | ث | إ | ض | ن | ذ |

عصير
سلطة
ملح
سبانخ
حساء
تونة
قرفة
ليمون
السكر
بصل

ريحان
كمثرى
فراولة
لحم
شعير
قهوة
جزر
ثوم
حليب
لفت

# 40 - Ethik

| | | | | | | | | | | | | | | | |
|---|---|---|---|---|---|---|---|---|---|---|---|---|---|---|---|
| إ | ئ | ط | ن | ف | ض | ظ | م | م | ن | ى | ق | ج | ج | ج | ا |
| م | ص | آ | ل | ذ | ذ | ب | ع | ح | ا | ت | ف | ا | ؤ | ل | ا |
| و | و | س | ا | ل | ص | د | ق | ت | ل | ن | ث | ص | ع | ل | ح |
| ر | ف | ك | ل | غ | و | ص | و | ر | ق | آ | ق | ق | ل | ئ | ط |
| ة | ب | ض | ن | ط | ة | ب | ل | م | ي | ل | ل | ط | ب | ح | ج |
| ي | و | ظ | ز | ف | و | ر | ئ | ط | م | ا | ف | ك | خ | ة | و |
| د | آ | ب | ا | ز | ل | ش | ا | ج | ن | ن | ك | ع | ت | خ | ذ |
| ر | ح | ل | ه | ل | ص | ي | م | ي | ي | و | ح | ح | ب | ل | ي |
| ف | ؤ | ذ | ة | ح | ك | م | ة | ي | س | ا | م | و | ل | ب | د |
| ل | ر | ر | ا | ث | ي | إ | م | ف | ط | ع | ا | ع | ط | ض | ي |
| ا | ع | ز | ض | ؤ | خ | م | ا | ح | إ | ت | س | ن | ش | ط | ا |
| ص | ل | ص | ا | ق | ك | ئ | ر | آ | ث | ق | ت | غ | ى | ة | ؤ |
| م | ق | ي | ظ | د | خ | إ | ك | س | آ | ض | ل | ح | ذ | ر | ؤ |
| ض | ؤ | خ | ن | ؤ | ط | ذ | ئ | ك | ذ | ي | ا | ح | ق | ش | ط |
| ؤ | ك | د | ض | ش | ف | ن | د | ر | ض | ك | س | ج | ة | ش | غ |
| ق | م | ا | ل | و | ا | ق | ع | ي | ة | ي | ن | ا | س | ن | إ |

فلسفة
العقلانية
الواقعية
محترم
التسامح
معقول
حكمة
القيم
كرامة
تعاون

إيثار
دبلوماسي
الصدق
اللطف
صبر
الفردية
النزاهة
إنسانية
عطف
تفاؤل

# 41 - Gebäude

| | | | | | | | | | | | | | | | |
|---|---|---|---|---|---|---|---|---|---|---|---|---|---|---|---|
| ش | ط | ج | خ | د | م | ت | ح | ف | ا | ج | ا | ر | ك | ر | س |
| ض | ح | ى | ر | ن | ن | ف | ن | ل | ق | ر | ز | د | ظ | ش | ج |
| ب | ر | ب | ت | خ | م | د | س | ز | ط | ب | ب | م | آ | ئ | ظ |
| ح | س | ذ | ص | ت | ق | ف | ض | ن | آ | ف | د | خ | ى | ن | م |
| ش | م | ا | ط | ك | ا | م | ن | س | م | ت | إ | س | خ | ص | ب |
| ش | ل | ض | خ | ر | ك | ر | ك | ب | م | آ | ك | ئ | ن | غ | ا |
| ة | ع | ع | ة | ا | ك | ص | ة | ع | ر | ز | م | ع | ا | ط | ت |
| ي | ب | ق | غ | م | خ | د | ك | آ | ق | س | ة | ع | م | ا | ج |
| ك | ذ | آ | د | ر | ي | ة | ر | ي | ظ | ح | ا | م | ن | ي | س |
| إ | ع | ن | د | ب | م | ي | د | ة | ر | و | ص | ق | م | ل | ا |
| ا | ث | ر | ط | و | ة | ج | خ | م | ظ | ز | ج | ل | آ | ص | ل |
| ح | ل | ى | م | س | ت | ش | ف | ى | ك | ا | غ | ب | ق | إ | غ |
| ت | ؤ | ف | ة | ا | ئ | خ | ب | ش | ر | ى | ا | ن | ث | ف | س |
| ذ | ك | ث | ج | ط | ا | ا | ج | س | ف | ش | ة | س | ر | د | م |
| ؤ | ا | ل | ي | خ | ظ | ص | ق | ث | ب | ت | ل | ق | د | ح | ظ |
| خ | ط | ي | ق | ف | ة | س | ز | ش | ك | ذ | ت | ف | ة | ل | و |

متحف
مرصد
حظيرة
مدرسة
ملعب
سوبر ماركت
مسرح
برج
جامعة
خيمة

مزرعة
السفارة
مصنع
كراج
نزل
فندق
المقصورة
سينما
مستشفى
مختبر

# 42 - Mode

| | | | | | | | | | | | | | | | |
|---|---|---|---|---|---|---|---|---|---|---|---|---|---|---|---|
| ش | ا | م | ق | م | أ | ب | ن | ط | ظ | ن | ا | ب | أ | إ | ط |
| ر | ل | ص | ح | ت | غ | ص | م | س | ى | آ | ل | س | ن | ت | خ |
| ص | د | ظ | و | و | ة | ف | ل | ك | م | ط | ح | ي | ي | ظ | ح |
| ه | ا | ج | ت | ا | م | ظ | ث | ي | د | ح | د | ط | ق | ض | ن |
| آ | ن | ز | ي | ض | ر | ي | ض | ر | إ | ل | ا | م | ؤ | ى | ي |
| ز | ت | ح | ش | ع | ط | ث | ف | و | ظ | ت | ل | ن | ث | ج | و |
| س | ي | ل | م | ع | س | م | ز | ط | ي | ي | أ | ي | خ | ج | غ |
| ظ | ل | ر | ن | ت | إ | ب | و | ت | ي | ك | د | خ | ت | م | ى |
| د | ح | ا | ط | ع | غ | خ | ا | م | خ | آ | ن | ا | ث | ع | ف |
| ب | ص | ر | ا | ت | ا | خ | ح | ل | ص | ن | ى | آ | خ | ى | و |
| ذ | ة | ز | ط | ط | ي | م | ت | إ | م | غ | ش | ظ | و | د | ت |
| ى | ح | أ | ا | ف | ط | ح | و | ض | ط | م | ؤ | إ | ى | ع | ئ |
| ط | ف | ؤ | د | غ | ؤ | ا | ا | ن | س | ي | ج | ا | ذ | ض | ج |
| ة | ب | ك | م | ر | ي | ح | ع | ص | ب | ن | ر | ط | آ | و | ا |
| و | ن | ظ | س | ض | ف | ز | م | ع | ي | ب | ذ | ا | خ | ذ | ح |
| ظ | ف | ى | ك | م | و | ن | ف | ب | غ | ر | ح | ى | خ | و | خ |

متطور
متواضع
بوتيك
بسيط
أنيق
ملابس
مريح
الحد الأدنى
حديث
أصلي

عملي
الدانتيل
تطريز
نمط
قماش
أزرار
مكلفة
نسيج
اتجاه

# 43 - Essen #2

| | | | | | | | | | | | | | | | |
|---|---|---|---|---|---|---|---|---|---|---|---|---|---|---|---|
| ن | م | ظ | ث | ث | م | م | ئ | ذ | ص | ق | ز | ش | خ | ب | ز |
| ر | م | ي | د | د | ظ | ف | ئ | ب | خ | م | ب | ل | ز | ت | ض |
| ت | ئ | ر | ح | ذ | ل | ص | ت | ح | ح | ح | ا | ر | ق | م | آ |
| إ | ط | ى | ز | ر | ق | ز | ك | ط | ز | ن | د | ن | ج | إ | ر |
| ا | ج | آ | ئ | ى | غ | س | ض | ق | ى | ت | ي | ت | ب | م | ض |
| ث | ا | ا | و | ح | ث | د | ي | ش | ك | ظ | ف | ن | ج | ة | ة |
| ل | و | ط | ل | ذ | ب | ك | ذ | ف | ر | ط | و | ا | و | ص | و |
| ز | ح | ك | ب | ر | و | ك | ل | ي | ف | م | ش | ج | ح | ش | ز |
| ص | م | م | ع | ط | ف | م | ث | ن | س | ا | ر | ن | و | و | ز |
| ي | إ | س | ا | ف | ح | ر | ا | ظ | ض | ط | خ | ذ | و | ك | ش |
| ن | ر | ا | ض | ل | ذ | ط | م | ك | ش | م | د | ا | ب | و | خ |
| و | ق | ق | ا | ر | خ | م | ة | ذ | غ | ب | ظ | ب | ل | ل | ب |
| م | و | ز | آ | ر | إ | ن | و | ي | ل | ه | ي | ر | و | ا | ق |
| م | ص | ض | ق | ن | ر | ب | ز | ة | ض | ي | ع | ض | ز | ت | د |
| أ | ر | ز | د | ش | غ | ج | ر | ي | ذ | ع | ا | ا | ة | ة | ع |
| س | آ | ف | ج | و | ز | ض | ك | ر | ر | ط | ذ | ط | س | ض | ج |

تفاح
خرشوف
باذنجان
موز
بروكلي
خبز
بيضة
سمك
زبادي
جبن
كرز
لوز
فطر
أرز
لحم الخنزير
شوكولاتة
كرفس
هليون
طماطم
قمح

# 44 - Energie

| | | | | | | | | | | | | | | | |
|---|---|---|---|---|---|---|---|---|---|---|---|---|---|---|---|
| م | ح | ت | ق | ت | ل | ذ | ض | آ | ا | ئ | ط | ا | ث | ب | ذ |
| ا | ر | ش | ا | ل | ث | ذ | ف | ظ | ا | ل | ت | ل | و | ث | غ |
| ف | ا | ج | ب | ز | ح | ب | م | ش | ب | ل | ز | ب | م | ب | ي |
| و | ر | ر | ل | ن | و | ر | ت | ك | ل | إ | ا | ط | ض | ذ | خ |
| ت | ة | ي | ل | و | ت | د | د | ي | ز | ل | د | ا | ض | د | م |
| و | ئ | ح | ل | ب | و | ص | ص | ك | ت | ى | و | ر | ت | ج | ض |
| ن | ي | ث | ت | ر | ق | ة | ن | و | ع | ى | خ | ي | ى | ى | ل |
| خ | ب | ة | ج | ك | و | إ | ر | ص | ن | ا | ع | ة | س | ق | ب |
| آ | ع | ض | د | آ | د | ب | ف | ش | ش | إ | ش | ص | ظ | ن | ى |
| ك | ز | ح | ي | ف | ي | ؤ | ب | ا | ح | ة | ا | ض | ز | ي | ل |
| ج | س | ش | د | ن | ئ | ك | ى | ص | و | ة | ث | ي | ي | ج | خ |
| ب | م | ط | ا | ش | ا | ن | ر | ق | ب | إ | ن | ي | ز | و | ج |
| س | ة | ت | ة | ض | ب | ث | ح | ق | ا | م | ك | ت | م | ر | ش |
| ص | م | ج | غ | ي | ر | ق | ا | د | ر | ع | ل | ي | ظ | د | إ |
| ق | ق | ث | ت | ة | ه | ص | ش | ي | و | و | ن | ظ | س | ي | و |
| ط | غ | م | ح | ر | ك | آ | ت | إ | خ | ف | ز | ق | خ | ه | د |

كربون
محرك
نووي
فوتون
شمس
التوربينات
بيئة
التلوث
هيدروجين
ريح

البطارية
بنزين
وقود
ديزل
كهربائي
إلكترون
غير قادر علي
قابل للتجديد
حرارة
صناعة

# 45 - Familie

| | | | | | | | | | | | | | | | |
|---|---|---|---|---|---|---|---|---|---|---|---|---|---|---|---|
| م | ى | ئ | ش | ظ | س | م | أ | ش | ط | ر | ئ | ج | ز | و | ا |
| ر | م | ت | ض | ر | ي | ز | و | ف | ا | ي | ظ | د | أ | ب | ف |
| ح | ت | ت | إ | م | آ | ز | ل | ن | ل | د | ا | ب | ن | ة | ح |
| ل | ى | ث | ف | ص | ا | ؤ | ذ | ن | ز | ا | ت | ع | ا | د | ي |
| ة | ر | ز | ر | ع | ب | ئ | غ | ر | و | ل | م | ى | ق | ج | ي |
| ا | ق | س | م | ي | ى | ز | ح | ى | ج | ع | ؤ | د | ي | ف | ح |
| ل | ط | ذ | خ | ض | ص | ظ | خ | ظ | ع | م | ظ | ئ | ق | ع | ؤ |
| ط | ق | ذ | ظ | ع | غ | ر | ك | س | ح | ا | ح | ش | ش | خ | ن |
| ف | ذ | ؤ | ط | ص | ص | ش | ض | ل | آ | ض | ة | ؤ | ئ | ذ | ا |
| و | ي | آ | غ | ا | ة | ط | ا | ف | ك | ت | ج | ت | خ | أ | ع |
| ل | ر | ؤ | خ | ل | ت | ض | ل | ن | ت | ش | آ | ظ | ط | ة | ي |
| ة | ى | ع | ف | أ | ز | ب | أ | ئ | ى | ز | ؤ | ف | م | ة | ت |
| م | ت | ج | خ | ط | ذ | ش | ب | ع | غ | ا | خ | أ | ن | ب | ا |
| ع | آ | و | آ | ف | ب | ق | ظ | ث | ل | ن | آ | س | خ | ع | ب |
| ب | د | ى | ص | ا | ؤ | ؤ | ف | أ | س | ع | خ | ة | ج | و | ز |
| ص | ع | ذ | غ | ل | ص | آ | م | ا | ى | ع | ح | ى | ح | ث | ح |

الأم
ابن أخ
العم
أخت
عمة
ابنة
أب
الأب
ابن عم
سلف

شقيق
زوجة
الزوج
حفيد
جدة
جد
طفل
الأطفال
مرحلة الطفولة
أم

# 46 - Pflanzen

| | | | | | | | | | | | | | | | |
|---|---|---|---|---|---|---|---|---|---|---|---|---|---|---|---|
| ع | ا | ن | ط | ك | ت | س | ا | ي | ر | و | ظ | ع | ة | ف | ث |
| ؤ | ل | آ | ح | ظ | ص | ل | ج | ك | ش | و | ب | ط | ب | ا | ف |
| ي | ب | ث | ل | غ | ن | ي | ي | إ | ح | ج | ش | ر | م | ص | ص |
| ؤ | ت | ب | ب | ب | م | ئ | م | ز | ز | ز | ع | ك | س | و | آ |
| ر | ل | ذ | ا | د | ط | آ | ق | س | د | ق | ض | ب | ط | ل | ز |
| ذ | ة | ت | ل | ب | ؤ | ج | ص | ف | ن | ص | ل | خ | خ | ي | ق |
| ت | ي | أ | ب | ف | آ | ة | ي | ئ | ت | م | د | ز | ض | ا | ا |
| ة | ر | و | ل | ث | ت | ئ | س | ط | ظ | ف | غ | ئ | س | س | و |
| ق | ي | ر | ح | ى | ف | ن | ع | ر | ف | م | ل | إ | ا | ب | ط |
| ر | ب | ا | د | آ | ب | ج | إ | ز | ب | ح | د | ا | م | س | ا |
| و | ئ | ق | ي | ت | ع | ل | م | ا | ل | ن | ب | ا | ت | ع | ج |
| ؤ | ت | ا | ق | ب | ز | آ | ة | ر | ج | ش | ب | ث | ن | ظ | ص |
| ز | إ | ل | ة | س | ث | ف | ب | ا | ر | خ | ن | إ | ش | ط | ج |
| ق | خ | ش | ذ | ت | خ | ر | ا | ب | ص | ت | ت | ق | خ | ن | ق |
| ئ | ز | ج | غ | آ | ح | ط | غ | ص | ا | ي | ر | ة | ر | ه | ز |
| ج | ذ | ر | ش | س | و | م | ت | ص | ع | ا | ع | ص | ن | ض | ع |

بامبو
شجرة
بيري
ورقة
زهرة
البتلة
فاصوليا
علم النبات
بوش
سماد

لبلاب
النباتية
حديقة
صبار
عشب
أوراق الشجر
طحلب
نبت
غابة
جذر

# 47 - Kunst

| | | | | | | | | | | | | | | | |
|---|---|---|---|---|---|---|---|---|---|---|---|---|---|---|---|
| ت | ك | و | ي | ن | ض | ا | ر | ل | إ | ش | ف | س | ب | ل | ن |
| ا | ل | س | ر | ي | ا | ل | ي | ة | ج | خ | ف | آ | ف | و | ة |
| ص | ص | ض | م | ع | و | ض | و | م | ف | ص | ص | ذ | ي | ح | ز |
| س | ذ | ب | ل | ف | ش | ب | ص | ر | ي | ي | ض | ق | د | ا | ص |
| ك | ي | ك | خ | ذ | و | ة | ت | و | ج | آ | ص | غ | ط | ت | ظ |
| ف | س | ر | ا | ب | س | ي | ط | و | ؤ | ة | ز | ث | ض | ع | غ |
| ل | م | م | ا | ل | ل | ت | ي | م | د | ة | ل | ى | ة | ص | ى |
| ق | ج | ا | ز | م | ن | ز | ا | و | ل | ع | و | ن | ئ | ئ | ح |
| ن | آ | م | ط | ق | ي | ح | ة | س | د | ص | ل | ا | ض | ض | ك |
| ل | س | ب | ص | د | س | ك | ت | ث | ح | ت | ز | ل | ض | ك | ز |
| ك | ع | ر | ة | ك | ر | م | ز | ف | ظ | غ | ع | ت | د | ى | ط |
| ز | ت | ا | ى | ث | س | ي | ط | ط | ع | ئ | ئ | ع | ت | ض | ا |
| خ | ي | ر | ة | أ | ا | خ | ق | ض | ض | ش | ض | ب | آ | ت | ق |
| خ | ف | ا | ح | ص | ق | ي | ح | ص | ث | ك | ة | ي | ا | ئ | ق |
| ج | ؤ | ث | د | ل | و | م | ئ | س | ي | ث | ظ | ر | آ | ض | ف |
| ي | إ | آ | ك | ي | ش | ج | آ | ز | غ | ق | ئ | غ | ئ | ئ | ح |

التعبير
صادق
بسيط
موضوع
لوحات
ربما
سيراميك
مركب
أصلي

شخصي
شعر
تصوير
النحت
مزاج
السريالية
رمز
بصري
تكوين

# 48 - Gewürze

| | | | | | | | | | | | | | | | |
|---|---|---|---|---|---|---|---|---|---|---|---|---|---|---|---|
| ر | ج | خ | ل | ة | ر | غ | ن | خ | ذ | ا | ك | ث | و | م | ى |
| ذ | ل | ى | ر | ت | د | ف | ث | س | ح | و | آ | ا | آ | ؤ | ي |
| ط | ل | ح | ص | ج | ف | ث | إ | ؤ | ا | خ | ث | إ | ر | ب | ط |
| ا | ا | ل | ي | ا | ن | س | و | ن | م | ل | ق | ى | م | ي | ش |
| ل | ا | ه | ل | ا | ب | ح | ل | ط | ض | ؤ | ر | ر | ث | آ | ج |
| ش | خ | ش | ص | ع | ع | غ | ح | إ | ئ | ذ | م | س | ف | ص | ف |
| م | ح | و | ب | ئ | ش | ؤ | خ | ث | س | ث | ا | ع | م | ة | ض |
| ر | م | ح | أ | ل | ف | ل | ف | س | و | س | ل | ا | ق | ر | ع |
| ة | م | ل | ح | خ | ف | س | ك | ب | ض | ز | ق | ل | ت | ق | ر |
| ه | ت | ب | ي | ق | خ | ل | ج | ت | ى | ع | ر | ي | ا | ر | ة |
| ك | ص | خ | ث | ى | ل | ل | ف | ل | ش | ف | ن | ن | ى | م | ى |
| ن | ج | و | ز | ة | ا | ل | ط | ي | ب | ر | ف | ا | ص | ظ | ة |
| ؤ | غ | ق | خ | ر | ت | إ | ا | ب | ا | ا | ل | ف | ش | ت | ئ |
| د | ح | ظ | ا | ش | ث | ص | ص | ج | إ | ن | ؤ | غ | ل | ك | م |
| ف | ؤ | خ | ي | ر | غ | غ | ب | ن | ب | د | ل | آ | ة | آ | ص |
| ك | ح | ط | غ | م | ث | ى | ت | ز | ظ | خ | ت | ن | د | غ | ن |

القرنفل
فلفل أحمر
فلفل
زعفران
ملح
حامض
حلو
فانيلا
قرفة
بصل

اليانسون
مر
كاري
الشمرة
نكهة
زنجبيل
حب الهال
ثوم
عرق السوس
جوزة الطيب

# 49 - Kreativität

| | | | | | | | | | | | | | | | |
|---|---|---|---|---|---|---|---|---|---|---|---|---|---|---|---|
| ع | ذ | ن | ا | ل | ح | د | س | د | م | ا | ه | ل | إ | ل | ا |
| ع | ع | ا | ب | ط | ن | ا | ز | ق | س | ح | ل | و | ب | ا | ر |
| ج | ذ | ج | ف | ئ | س | ة | ل | و | ي | س | ج | م | و | ع | ي |
| و | ؤ | ذ | ك | ح | خ | ي | د | ظ | ظ | ة | ي | و | ف | ع | ك |
| ج | ف | ض | إ | ي | ع | و | غ | خ | ك | ش | د | ت | ظ | ث | ي |
| ف | ج | ح | م | ت | ظ | ي | م | م | ر | آ | ؤ | ئ | آ | ذ | ت |
| ك | ا | ت | س | و | ج | ح | س | ش | ض | ا | إ | ظ | و | ظ | ا |
| ق | ع | ح | ئ | آ | ط | ن | د | ا | ث | ا | ي | ن | ش | ط | م |
| ت | و | ذ | س | و | ئ | ئ | ذ | ع | غ | ج | ئ | ى | ب | ه | ا |
| آ | ض | خ | ف | ص | ج | ة | د | ر | ط | ى | ؤ | ؤ | ا | ن | ر |
| ع | خ | ج | ذ | ف | ز | ا | ل | ت | ع | ب | ي | ر | ك | خ | د |
| د | ؤ | ل | ح | ؤ | آ | آ | أ | ص | ا | ل | ة | ل | ظ | د | س |
| ن | و | ؤ | آ | ك | ا | ل | أ | ف | ك | ا | ر | ا | و | ز | ك |
| ز | ة | ك | ذ | ظ | ص | ط | ن | ت | ة | ي | و | ت | ض | س | ن |
| ع | د | ب | م | ع | ة | ي | ا | ة | ؤ | خ | ص | ض | و | ص | س |
| ب | ش | ج | ي | ق | ة | و | ث | ة | ر | ز | و | خ | ح | ش | إ |

التعبير
أصالة
صورة
دراماتيكي
انطباع
مبدع
مهارة
سيولة
مشاعر
الأفكار

الإلهام
شدة
الحدس
وضوح
فني
خيال
إحساس
عفوية
الرؤى
حيوية

# 50 - Geschäft

ط ت ي ا ك ل ذ ج ظ و ا ت ص م و ا
ة ش ي إ ج آ ى ث ا ل ض ر ا ئ ب س
ص ح ؤ ض ط ؤ ف غ س ف و ل ش ظ ت ت
ق ا ب ظ ض ز ئ ث ح ظ س م ك ز ك ث
ا ع ن ؤ م ف ع د م و خ ع ظ و م م
ة ي ر ا ج ت ة ي ل م ع ل م ت ق ا
ي ث ج ج ث ف ا ف غ ن ئ ا م آ ق ر
ن ئ ت خ إ د ل ي ص ض ب ا ب س ف ا
ا ب م ت ؤ ا ك م ث ز ض ح آ ف خ ل
ز ة ن ه م ر ت ة ت ك ب ا ف ص و ا
ي ة ل م ع ي ل س غ آ ق ص م ى م ق
م غ ظ ئ ض إ ا ش آ ع ؤ إ غ إ ض ت
ر م ع ر ز ل ص ل خ ط ز ف ة ف ا ص
ا د غ ي ة ا ف ة ا ع ي ب ج ئ ا
ب ي ئ ث ز ئ ظ غ ح ب ر خ ر ا ز د
ض ر ش ك ط ك ب ا ر ؤ ل ئ آ ى ث ص

التكلفة
مدير
موظف
خصم
الضرائب
عملية تجارية
بيع
بضائع
عملة
الاقتصاد

صاحب العمل
ميزانية
مكتب
الإيرادات
مصنع
مال
متجر
ربح
استثمار
مهنة

# 51 - Ingenieurwesen

| | | | | | | | | | | | | | | | |
|---|---|---|---|---|---|---|---|---|---|---|---|---|---|---|---|
| س | ا | ئ | ل | ت | ي | ص | ص | غ | ح | ء | ط | ى | ق | ك | د |
| ش | ت | خ | ق | آ | ت | ا | ل | ت | ع | ل | ا | م | و | ت | س |
| ح | و | و | ق | إ | ت | ك | ق | ق | م | ث | ق | ن | ة | ل | آ |
| ق | م | ت | ظ | ظ | ر | ى | ق | ي | ق | ق | ة | ة | ب | ب | م |
| ش | ط | ا | ل | ت | ر | و | س | ا | ذ | ق | م | ة | ذ | ث | ض |
| س | ب | ر | د | ظ | ج | ظ | ط | س | ب | ض | ث | ي | م | ش | إ |
| ش | ث | و | ي | ت | ض | ة | ب | و | ت | ذ | ى | ه | ل | ة | ظ |
| ص | ب | ح | ز | ز | ص | ذ | ت | ز | ا | و | ي | ة | ي | ل | و |
| ظ | ز | م | ل | ح | ق | ن | ؤ | ت | و | ز | ي | ع | ن | ك | ؤ |
| ت | ع | م | ر | ا | ع | ل | ن | آ | ف | ح | ى | ف | ا | ر | ل |
| ي | ي | ئ | ج | س | ة | ع | ا | ى | و | ن | ب | د | ي | ح | ق |
| ق | ط | ئ | ز | ت | ت | ب | ذ | د | ة | ؤ | ث | ل | ب | م | ى |
| م | ذ | إ | ا | ق | ب | ص | و | ى | ا | ذ | آ | ا | م | ح | ط |
| إ | ي | و | ذ | ر | ل | ن | ت | ؤ | ع | خ | ؤ | ف | س | س | ث |
| ش | ض | ح | س | ا | ض | ر | ر | ح | ذ | س | ث | ة | ر | ا | ن |
| ق | م | ر | ة | ر | ل | ة | ت | ة | ح | آ | إ | ن | خ | ب | ب |

محور
الدفع
حساب
رسم بياني
ديزل
قطر
طاقة
سائل
التروس
العتلات

بناء
آلة
قياس
محرك
استقرار
قوة
هيكل
عمق
توزيع
زاوية

# 52 - Kaffee

ت ص ة ر و إ ظ ك آ ب م ا ع إ ض ت
ث ض غ و س ر م ا خ ق ش ل ع ع ي غ
ى ز ة ض ي ع ى ف ؤ ج ع س ة غ ت ل
ا و ث ح ا ح ل ي ب د ش ك ي ل ذ ص
ئ ع ظ ص س إ ي د ش ب ر ض ئ ب ف
غ ر ة ج ل ئ ا ن ئ آ ؤ ب م ا ء ت
ث م خ ش ل ع ش ح ح د ي ت ح س ص ة
ت ظ ل ف ث م ن ط ط س ظ ذ ط ع ط ه
ظ إ ص أ س و د آ س ب ن ج ا آ ر ك
آ غ م ل ع ق خ ص ج ل ة ف ل ت ر ن
ؤ ن ك ر ا ك م ص ى ى ي ض ى ي م ح
د ا ؤ إ ي ظ ؤ م ك ئ ع ل م و ز ك
إ ئ ا ة ن س ي ى ن خ ي ط ى ش غ ل
س ئ ا ظ إ ظ ف ط ل ص أ ل ا م ك ض
ذ ث ح ز ط ث ظ ى إ ي ز غ ا ع ئ خ
ش ض س د ط م ش ر و ب و ك ك ث ا ع

صباح
ثمن
حمضي
أسود
كوب
الأصل
نوع
ماء
السكر

مر
كريم
فلتر
سائل
مشوي
نكهة
مشروب
كافيين
طحن
حليب

# 53 - Gemüse

| | | | | | | | | | | | | | | | |
|---|---|---|---|---|---|---|---|---|---|---|---|---|---|---|---|
| ف | م | س | ف | ر | ك | ز | ي | ت | و | ن | غ | ر | ب | ر | ظ |
| و | ط | ف | ب | ء | ج | ا | ل | ب | ط | ا | ط | س | ق | ا | ؤ |
| ش | ا | ر | ؤ | ا | ب | ص | ل | ي | ض | ر | ر | ئ | د | ظ | و |
| ر | م | ا | ط | ل | ن | ق | د | غ | ب | ة | د | ذ | و | ب | ت |
| خ | ط | ي | و | ز | ي | خ | ت | ط | ل | ج | ث | ث | ن | ح | ث |
| ت | ي | خ | م | ا | ط | ف | ف | ش | ة | ت | ن | ر | س | ح | ؤ |
| ل | ب | ث | ة | ب | ق | س | ل | ط | ة | ض | ا | ز | ب | س | غ |
| ق | ن | ج | ك | م | ي | ك | ح | و | ق | ت | ج | ج | إ | ذ | م |
| م | ر | خ | ق | م | آ | د | ش | م | خ | د | ن | ث | ش | آ | ش |
| غ | ق | ر | ؤ | ض | إ | ن | و | ى | ج | ب | ذ | ل | ة | ث | د |
| س | ؤ | ت | ت | ض | ظ | ت | ة | ث | ظ | ب | ا | و | ق | ع | ز |
| ك | آ | ض | س | ز | د | غ | ز | و | ة | ف | ب | ى | ئ | ب | م |
| د | ؤ | إ | ح | ة | ع | ئ | ح | م | ل | ج | ي | ا | إ | ش | د |
| م | ي | ك | د | ر | د | ئ | ج | ؤ | ر | ر | ؤ | م | ي | ث | ت |
| ط | ل | ظ | خ | ط | غ | ل | ذ | ى | س | خ | ة | خ | ل | ي | ك |
| ة | ؤ | ب | ر | و | ك | ل | ي | ر | ط | ص | ف | ي | ذ | ج | ا |

خرشوف
باذنجان
قرنبيط
بروكلي
بازلاء
خيار
زنجبيل
جزر
البطاطس
ثوم

يقطين
زيتون
بقدونس
فطر
لفت
سلطة
كرفس
سبانخ
طماطم
بصل

# 54 - Schönheit

| | | | | | | | | | | | | | | | |
|---|---|---|---|---|---|---|---|---|---|---|---|---|---|---|---|
| ذ | ش | ى | ة | ت | خ | ط | أ | ز | ع | ط | و | ر | ق | ي | أ |
| ة | ا | ي | آ | ز | ؤ | إ | ن | ف | ص | ك | أ | ع | ب | ا | ح |
| ض | م | ض | ر | خ | د | م | ا | ت | ة | ن | ز | ش | ا | ر | م |
| آ | ب | ئ | م | ع | ا | ن | ق | ز | ي | د | غ | ل | ر | ن | ر |
| ص | و | ت | و | ي | ز | ف | ة | ق | ض | ج | ل | ا | ا | خ | ا |
| ر | خ | ا | ت | ج | ي | م | ا | ط | ج | و | ظ | د | ك | س | ل |
| ق | ط | ج | ض | ى | ع | ئ | ى | و | ن | ب | ش | ي | س | ت | ش |
| ي | ص | ت | ز | ن | ع | ل | ر | ح | س | ل | ظ | ع | ا | غ | ف |
| ق | و | ن | ظ | ظ | ؤ | م | ق | ا | ل | ح | ض | ج | م | غ | ا |
| ئ | غ | م | ج | د | ع | خ | ع | ط | ع | ظ | ص | ت | ث | خ | ه |
| د | م | ح | ل | خ | ط | ق | ي | ب | ف | آ | ن | ف | ث | ا | آ |
| ذ | ق | ص | د | ث | ع | ؤ | ص | ق | ز | ف | ل | س | ح | ر | غ |
| ص | ص | ف | ب | ض | ي | ب | ض | ح | ف | ؤ | ة | ض | ح | س | ع |
| ج | ن | و | ع | د | ق | ت | ش | ؤ | ي | ق | ا | ك | ز | ج | ئ |
| غ | د | ل | ئ | ك | ح | خ | ك | ك | ز | ا | غ | ش | ك | ك | ي |
| غ | ئ | ح | م | ئ | ف | غ | ح | ح | ح | ف | ل | ا | غ | آ | آ |

أحمر الشفاه
تجعيد الشعر
زيوت
منتجات
مقص
شامبو
مرآة
حلاق
ماسكارا

نعمة
سحر
خدمات
عطور
أنيق
أناقة
اللون
رقيق
ناعم
جلد

# 55 - Tanzen

| | | | | | | | | | | | | | | | |
|---|---|---|---|---|---|---|---|---|---|---|---|---|---|---|---|
| د | آ | إ | ك | ث | خ | ش | ح | ض | و | ؤ | ك | ي | ي | ب | ث |
| ي | د | ص | ي | ق | ك | ش | د | خ | ع | ز | ح | ت | ذ | ر | ط |
| ى | ي | ف | ا | ق | ث | ت | ك | ش | ك | ؤ | ي | آ | ز | و | س |
| ج | ى | ق | ض | خ | ظ | آ | ا | ى | و | ع | ص | ج | ي | ف | ي |
| ص | ق | و | ا | ر | ن | ت | ج | و | ك | ا | ت | ز | ف | ة | ع |
| ة | ي | م | ي | د | ا | ك | أ | ل | ا | ق | و | ث | ض | ا | ص |
| ث | س | ل | ف | ى | م | ي | ش | إ | ل | ي | خ | ئ | ط | ب | ب |
| ج | و | ا | | ص | ح | ر | م | ي | ر | إ | ق | ف | ز | ش | ح |
| ك | م | ب | ر | ز | ف | ش | د | ن | ع | م | ة | ح | ك | ق | ش |
| ك | إ | ص | غ | ن | ث | ي | ت | غ | ج | ى | ك | ؤ | ح | م | ل |
| ض | ل | ر | ي | ي | ك | ي | س | ا | ل | ك | ر | ئ | ك | ع | ذ |
| ت | ي | ي | ر | إ | ج | ة | ط | آ | ؤ | ل | ح | ق | ا | ب | ذ |
| ن | ش | ض | و | ب | ض | س | ع | ظ | خ | ن | د | ئ | غ | ر | ي |
| ح | ز | ب | ك | ش | ف | ث | م | ج | ت | ث | ق | ا | ف | ة | ط |
| ئ | ا | ي | ل | ت | آ | ك | س | ش | ط | ج | ي | ب | د | ن | ت |
| إ | ط | د | ا | إ | ى | ث | ذ | ف | ك | د | إ | ر | ذ | ض | ح |

ثقافة
ثقافي
فن
موسيقى
شريك
بروفة
إيقاع
قفز
تقليدي
بصري

الأكاديمية
نعمة
معبرة
حركة
الكوريغرافيا
عاطفة
مرح
الموقف
كلاسيكي
جثة

# 56 - Ernährung

| | | | | | | | | | | | | | | | |
|---|---|---|---|---|---|---|---|---|---|---|---|---|---|---|---|
| ت | ص | ط | ض | ؤ | ش | ذ | إ | آ | ي | ا | ع | ة | ي | م | ح |
| ك | غ | ا | ر | إ | س | ئ | ش | ش | ك | ل | ض | ه | ذ | ح | ا |
| ث | ض | س | ل | ذ | ي | ي | ئ | ط | ذ | ب | و | ك | غ | ج | ص |
| ب | آ | ر | م | ح | ى | ؤ | د | ق | ل | و | ز | ن | م | ا | ض |
| ش | ه | ة | ي | ف | ل | ل | ش | غ | ر | ب | ش | ز | ل | ل | ا |
| م | ح | م | د | ي | ي | ل | ي | آ | آ | ح | ج | ا | ا | ك | ل |
| ؤ | ز | خ | و | ت | ن | ش | أ | إ | ك | ل | ن | و | ج | ر | ب |
| ئ | د | ت | ج | ا | ى | ذ | ظ | ك | آ | ا | ؤ | ت | ى | ب | ر |
| ك | آ | ع | و | م | ي | ص | ج | ع | ل | ش | خ | م | س | و | و |
| د | ع | ض | ن | ي | ع | ت | ث | ز | إ | ظ | ل | إ | إ | ه | ت |
| ض | إ | ق | ة | ن | ت | ض | ا | إ | ء | ص | ل | ص | ة | ي | ي |
| س | ط | ق | ر | و | م | ق | ف | ك | ح | ج | ى | ظ | ح | د | ن |
| ص | ا | ص | ث | ج | ظ | ث | إ | آ | ش | س | م | س | ص | ر | ا |
| ش | ب | ط | ة | م | ب | ل | غ | ى | م | ن | ر | ت | ل | ا | ت |
| س | ح | ل | ئ | ع | ق | ك | ب | إ | ن | ص | ض | آ | ا | ت | ذ |
| ص | ى | م | ى | ك | ش | إ | ل | ه | ض | م | ا | ت | ذ | ش | آ |

شهية
متوازن
مر
حمية
صالح للأكل
تخمير
نكهة
صحي
الصحة
الحبوب

وزن
الكربوهيدرات
المغذي
جزء
البروتينات
جودة
صلصة
سم
هضم
فيتامين

# 57 - Länder #1

| | | | | | | | | | | | | | | | |
|---|---|---|---|---|---|---|---|---|---|---|---|---|---|---|---|
| ض | غ | ا | آ | ن | إ | و | ز | ع | إ | ا | ل | ه | ن | د | إ |
| م | ذ | ي | ص | ي | س | خ | ك | ن | د | ا | ر | ف | ؤ | ع | س |
| ف | ض | ن | ش | ك | ر | آ | ط | ى | ت | د | ز | ئ | ي | ك | ب |
| ي | ل | ا | م | ا | ا | غ | ة | ف | ف | ن | ز | و | ي | ل | ا |
| د | ذ | م | ص | ر | ئ | ق | ي | ي | إ | ل | ج | ب | ا | و | ن |
| ث | ظ | ل | ذ | ا | ي | ا | ث | ن | و | و | ر | ة | ض | ؤ | ي |
| ص | ظ | أ | ت | غ | ل | ر | ش | ى | ئ | ب | ؤ | ف | إ | ش | ا |
| م | ن | ح | ح | و | ر | ع | ك | آ | ج | ي | و | ر | ن | ل | ا |
| ف | غ | ى | ص | ا | ع | ل | ي | د | ل | ا | غ | ن | س | ل | ا |
| ب | ر | ع | غ | ي | ق | ا | ا | د | ن | ل | ن | ف | ي | ك | ي |
| غ | ب | ح | ث | ل | ر | غ | ز | ن | خ | خ | ف | ز | م | ى | ن |
| ع | ح | ذ | ة | ا | ن | ز | س | ف | س | ح | ا | ب | ف | ؤ | ا |
| خ | إ | ك | و | ط | ق | ا | ر | ن | ز | ر | و | ا | ر | ل | م |
| ج | و | ظ | ة | ي | ت | ر | و | و | ب | د | ط | ر | ر | ؤ | و |
| ة | ث | ب | إ | إ | ي | آ | ح | ل | ي | ف | ي | ت | ؤ | ل | ر |
| ز | م | ا | ن | ت | ي | ف | ا | ا | ن | ي | ف | ص | ر | ق | ي |

مصر
البرازيل
ألمانيا
فنلندا
الهند
العراق
إسرائيل
إيطاليا
كمبوديا
كندا

لاتفيا
مالي
نيكاراغوا
النرويج
بولندا
رومانيا
السنغال
إسبانيا
فنزويلا
فيتنام

# 58 - Technologie

| | | | | | | | | | | | | | | | |
|---|---|---|---|---|---|---|---|---|---|---|---|---|---|---|---|
| آ | ل | ع | إ | ى | ض | ف | ز | آ | ط | ف | ع | ل | ي | و | ر |
| ث | ى | ش | س | ز | آ | ى | د | ء | و | ف | ع | ط | ي | م | ظ |
| م | د | و | ن | ة | ب | ى | ي | ا | ف | ت | ر | ا | ض | ي | ة |
| ة | ش | ض | ك | م | إ | ر | ز | ص | ص | ن | ا | ب | ح | ث | و |
| و | ظ | ك | ح | ش | ك | ت | ف | ح | ق | ر | ل | ش | ف | غ | ن |
| ش | ا | ش | ة | ع | ل | ط | ف | إ | غ | ت | م | ف | ص | ي | ش |
| ئ | م | ج | ع | ر | ت | ب | ب | ل | ك | ن | ؤ | ل | ت | ئ | ط |
| ط | ى | ك | ل | ض | ث | ئ | ئ | ا | م | إ | ش | ا | م | و | ا |
| ب | ي | آ | س | ة | ا | ئ | ئ | م | ع | ة | ر | م | ل | ي | م |
| ب | خ | ط | غ | ص | آ | ل | ح | ق | ئ | ص | ة | ل | ا | س | ر |
| و | ر | ى | ؤ | ع | ب | ل | ب | آ | ج | س | ى | ف | ف | و | ك |
| س | ع | م | إ | ا | ط | ا | ق | ي | م | ق | ر | غ | ة | ر | ا |
| ا | س | ة | ج | و | آ | ض | ي | ذ | ا | ط | ي | د | ظ | ي | م |
| ح | ذ | ث | ظ | ي | ض | ق | ح | ت | د | ن | و | غ | ز | ف | ي |
| ل | ش | ظ | ن | ؤ | ا | ت | ئ | د | غ | م | ا | ة | ع | ط | ر |
| ا | ؤ | ن | ث | ص | ج | ت | ئ | ؤ | ع | أ | ي | ت | ج | ح | ا |

بحث
إنترنت
كاميرا
رسالة
خط
أمن
برمجيات
الإحصاء
افتراضية
فيروس

عرض
شاشة
مدونة
المتصفح
بايت
الحاسوب
المؤشر
ملف
البيانات
رقمي

# 59 - Science Fiction

| | | | | | | | | | | | | | | | |
|---|---|---|---|---|---|---|---|---|---|---|---|---|---|---|---|
| ة | ز | ن | ا | ر | ا | ئ | ع | ب | ذ | م | ض | ط | م | ب | م |
| ن | ح | ذ | م | ن | م | ط | ك | ع | ظ | ة | م | ه | و | ر | و |
| ل | ت | ث | ف | ز | ن | ج | آ | ي | ت | ح | ا | ح | ف | س | ا |
| ح | إ | ج | ز | ي | ي | ص | خ | د | خ | ك | غ | ة | ت | س | د |
| ث | ا | ى | ط | ي | س | ج | ن | ب | ك | و | ك | ف | إ | ة | ك |
| ر | ا | ج | ط | ر | ة | ت | ا | ت | و | ب | و | ر | ل | ا | ي |
| ط | ل | و | ه | م | ي | ا | ع | إ | ك | ا | ي | ط | ت | غ | م |
| ر | س | ن | م | ط | ل | إ | ة | ق | ض | ل | و | ت | ك | و | ي |
| ص | ي | غ | ت | ك | ب | ا | ط | ع | ذ | ع | ت | م | آ | ر | ا |
| د | ن | ؤ | ت | ي | ق | ذ | ن | ز | ب | ا | و | ئ | ص | ح | ئ |
| ى | ا | ب | آ | ش | ت | ج | ع | ح | ب | ل | ب | م | ى | د | ي |
| ة | ر | ع | ب | ض | س | ة | ج | خ | د | م | ي | إ | ى | ع | ة |
| ر | ي | ب | إ | ظ | م | و | م | س | ث | ي | ا | ى | ق | ب | ي |
| ش | و | ر | ى | ص | ر | ت | ر | ع | ذ | ة | ف | ا | ج | ض | ن |
| خ | و | خ | ت | و | ض | ع | ى | ص | ي | ح | و | ص | غ | ي | ق |
| ة | غ | ة | ز | ط | ب | د | ؤ | غ | غ | ح | ئ | ت | د | ض | ت |

وهمي
سينما
وحي
كوكب
واقعي
الروبوتات
السيناريو
تقنية
يوتوبيا
العالمية

الكتب
مواد كيميائية
انفجار
متطرف
رائع
بعيد
نار
مستقبلية
غامض
وهم

# 60 - Literatur

| | | | | | | | | | | | | | | | |
|---|---|---|---|---|---|---|---|---|---|---|---|---|---|---|---|
| ش | ع | ف | ش | آ | م | ز | ل | ك | غ | ح | ي | ض | خ | ف | م |
| ل | ا | ش | و | ك | و | ك | ض | ف | ا | ت | ى | إ | ي | ئ | ق |
| ش | ق | س | ض | ع | ض | ف | س | ص | ل | س | آ | ا | ا | ذ | ا |
| ق | ي | ع | ت | د | و | غ | ن | و | ق | ؤ | ز | ل | ل | خ | ر |
| ق | إ | ف | م | ن | ع | ج | ة | ظ | ي | ى | م | ر | د | ز | ن |
| ن | ج | غ | ن | أ | ت | ي | ر | ع | ا | ش | ت | ا | د | غ | ة |
| م | ض | ث | ظ | ذ | س | ا | ف | و | س | ا | م | و | ي | ر | ى |
| ط | ق | ا | ف | ي | ة | ا | ج | ن | ث | س | ل | ي | ل | ح | ت |
| ش | ئ | ع | ؤ | ف | ث | و | ة | ل | ش | ت | ر | ر | ط | ع | ق |
| ح | ش | ح | ك | ا | ي | ة | د | ا | ئ | ع | ب | ة | ض | ب | د |
| ر | د | ط | ك | ئ | ب | إ | ي | ج | ش | ا | آ | ش | ل | ظ | ب |
| ت | ص | غ | آ | ظ | ح | ش | ص | آ | ئ | ر | ط | ع | ف | ق | ك |
| ر | و | ا | ي | ة | و | ج | ق | ك | و | ة | ع | س | ق | ح | و |
| ز | د | ز | ع | م | ا | ئ | ح | ح | ق | ش | ز | س | ذ | ظ | ل |
| ظ | غ | ى | ك | ك | ر | و | ر | ك | ز | ل | ش | ي | ي | ر | ر |
| ع | إ | ع | إ | ض | آ | ق | ر | و | ل | ة | ق | غ | س | ش | ظ |

استعارة
شاعري
قافية
إيقاع
رواية
استنتاج
نمط
موضوع
مأساة
مقارنة

القياس
تحليل
حكاية
مؤلف
وصف
حوار
الراوي
خيال
قصيدة
النوع

# 61 - Wandern

| | | | | | | | | | | | | | | | |
|---|---|---|---|---|---|---|---|---|---|---|---|---|---|---|---|
| إ | و | م | ج | س | ش | ا | ض | ك | خ | ح | ي | و | ل | ى | س |
| خ | ث | و | ح | ذ | م | ل | ص | ص | و | و | ظ | ئ | ا | ي | ي |
| س | ح | ش | و | ص | س | ح | ض | ص | ن | إ | ئ | ب | ي | ل | ت |
| ك | ش | ق | ت | ج | ض | د | ي | م | ر | و | و | ة | ؤ | ض | ئ |
| و | ل | ئ | إ | ئ | س | ا | ط | ف | ك | ر | ى | ك | ك | ل | ع |
| ل | ت | إ | ؤ | خ | ن | ئ | ج | آ | ع | ج | خ | ت | ل | ض | ا |
| غ | ع | ي | ط | ح | س | ق | ط | ط | ل | إ | آ | ا | س | ب | ظ |
| ب | آ | ح | ز | ث | ث | ؤ | ع | ء | ج | ظ | ة | ن | ج | إ | ط |
| ص | س | ق | ط | ا | ل | ح | ج | ا | ر | ة | ي | ا | ح | ك | ب |
| ح | آ | ك | ن | ؤ | ى | م | ت | م | ف | ع | ظ | و | م | آ | ق |
| ة | ز | ى | س | ل | ش | ج | آ | ب | ر | ي | ة | ي | ذ | ح | أ |
| ب | ز | ذ | ب | ش | ا | ة | ك | ث | ع | ب | ش | ح | خ | ص | ط |
| م | خ | ج | ع | ه | خ | ط | ق | م | ة | ط | ب | ل | ك | ج | ى |
| ن | ض | ث | ت | خ | ي | ي | م | ئ | غ | م | د | ا | ة | ؤ | غ |
| ا | ن | ظ | م | ص | ل | ر | ى | ل | آ | ض | ي | ض | س | ض | ش |
| خ | ر | ي | ض | ح | ت | خ | ث | ق | ر | ط | ا | خ | م | ل | ا |

جبل
تخييم
المخاطر
قمة
خريطة
مناخ
جرف
متعب
طبيعة
اتجاه

الحدائق
ثقيل
شمس
الحجارة
أحذية
الحيوانات
تحضير
ماء
طقس
بري

# 62 - Globale Erwärmung

| | | | | | | | | | | | | | | | |
|---|---|---|---|---|---|---|---|---|---|---|---|---|---|---|---|
| ف | ت | ق | ى | د | إ | ن | ع | د | إ | ح | و | ط | إ | ج | ؤ |
| ف | ش | ف | د | ا | إ | خ | ا | ر | ذ | ز | ح | ف | ز | ا | غ |
| ظ | ر | ر | آ | ل | ر | ؤ | ل | ج | ه | خ | و | ذ | ئ | ش | ا |
| ش | ي | خ | ت | س | ش | آ | م | ا | ل | ى | ة | و | و | ل | ط |
| ر | ع | س | ا | ك | ة | ث | ب | ت | و | ص | ل | ظ | ب | ط | ح |
| ي | ى | ل | ل | ا | خ | ت | غ | ا | د | و | ل | ي | ك | ر | ل |
| ة | ل | ا | ق | ن | ن | ا | آ | ل | ة | ط | ئ | ر | و | ط | ت |
| غ | ز | ب | ط | ا | ط | ح | ض | ح | ي | ة | د | ز | ج | ا | ة |
| ؤ | ك | ي | ب | ض | ح | ك | ت | ر | ت | م | ج | ح | ظ | ل | و |
| ط | ك | ئ | ا | ن | ث | آ | ى | ا | ؤ | ز | آ | ت | ف | أ | م |
| ب | آ | ا | ل | آ | ن | ث | ن | ر | غ | أ | ع | ن | ز | ج | ن |
| س | ف | ت | ش | خ | ط | ا | ق | ة | ة | م | و | ك | ح | ي | ا |
| و | ص | ك | م | ى | ي | ة | ع | ا | ن | ص | ز | ز | آ | ا | خ |
| س | ك | م | ا | ب | ب | ل | ب | ق | ت | س | م | ا | آ | ل | س |
| ض | غ | ح | ل | ة | ص | ت | ب | ل | ن | ز | س | د | ذ | د | ح |
| ا | ح | ا | ي | ل | ع | ف | آ | ض | ش | ث | ش | ع | ي | آ | ي |

القطب الشمالي
انتباه
السكان
البيانات
طاقة
تطور
غاز
الأجيال
تشريع
صناعة

دولي
الآن
مناخ
أزمة
بيئات
حكومة
درجات الحرارة
البيئة
عالم
مستقبل

# 63 - Länder #2

| | | | | | | | | | | | | | | | |
|---|---|---|---|---|---|---|---|---|---|---|---|---|---|---|---|
| ل | ن | ر | ع | ض | ج | أ | و | غ | ن | د | ا | ك | ئ | ر | ب |
| ا | ا | د | ن | ل | ر | ي | أ | ي | ا | ن | ي | ي | ض | و | إ |
| ب | ت | و | ى | ى | ؤ | ذ | ت | ر | د | ي | ن | ا | ن | س | ك |
| ي | س | ع | س | ي | م | م | ي | ز | و | ج | ا | ل | ث | ي | ف |
| ن | ك | ئ | م | ت | ئ | م | ت | ن | س | ي | ب | ي | د | ا | ك |
| ش | ا | ا | ل | م | ك | س | ي | ك | ل | ر | ل | و | غ | س | د |
| ا | ب | ي | س | و | ر | ي | ا | ض | ا | ي | أ | ن | ل | ن | إ |
| ع | آ | ب | ر | و | ل | م | ه | ذ | ق | ا | خ | ا | ث | ر | ا |
| ث | ط | و | ص | ي | ت | ظ | ن | ج | ط | ج | ع | ن | آ | ف | ف |
| ب | ث | ي | آ | ث | ب | ص | آ | ا | ف | ل | ج | ف | ش | ب | ن |
| م | ب | ث | إ | ش | ا | ي | ض | ل | ع | ق | ا | إ | ت | ب | ح |
| ت | غ | أ | ذ | ى | ت | ذ | ل | ي | آ | ز | ح | ث | ح | ر | ح |
| د | ظ | س | ر | ع | ش | ث | ت | ا | و | ص | ؤ | ا | و | ج | ر |
| ظ | ك | إ | ؤ | ز | ط | ؤ | ب | ب | ع | ج | ت | ف | ة | ذ | ظ |
| ئ | ع | و | ج | ق | غ | ظ | غ | ا | ر | ط | ئ | ي | س | ز | آ |
| ج | ا | م | ا | ي | ك | ا | ي | ن | ا | ر | ك | و | أ | ظ | س |

ألبانيا
أثيوبيا
فرنسا
اليونان
هايتي
أيرلندا
جامايكا
اليابان
كينيا
لاوس
ليبيريا
المكسيك
نيبال
نيجيريا
باكستان
روسيا
السودان
سوريا
أوغندا
أوكرانيا

# 64 - Fahrzeuge

| | | | | | | | | | | | | | | | |
|---|---|---|---|---|---|---|---|---|---|---|---|---|---|---|---|
| ج | ة | إ | ؤ | ا | ج | ظ | د | ا | و | ف | و | إ | ك | ا | م |
| ق | ش | ى | ر | ل | ر | ئ | ق | ر | ج | ث | ط | خ | ع | ب | ذ |
| ر | ق | ز | ظ | إ | ا | ق | ق | ى | س | ت | ى | ى | خ | ش | آ |
| ط | م | ح | ق | ط | ر | ع | ب | ف | ف | آ | ع | ط | ؤ | د | ق |
| س | آ | ؤ | ئ | ا | ص | ت | ز | ا | م | ط | غ | ع | ؤ | و | ض |
| س | ك | و | ت | ر | ل | ص | ع | ث | ا | ز | ت | خ | ذ | ة | م |
| ى | ص | ر | ت | ا | ك | س | ي | ئ | ة | ر | ا | ب | ع | ل | ا |
| ط | ا | ت | س | ت | إ | ح | ر | ط | ج | ط | ق | ز | إ | ف | آ |
| و | ر | م | ح | ة | ش | ة | ا | ة | ا | ه | ن | ئ | ة | ا | ئ |
| ف | و | ق | ر | ر | ا | ص | ط | ت | ر | ل | ن | م | ث | ح | ة |
| ج | خ | ا | ا | ا | ح | ا | ق | خ | د | ي | ى | ج | ى | ز | ق |
| ؤ | ي | ر | ك | ي | ن | و | م | ح | ر | ك | ت | ق | ق | ا | س |
| س | ذ | ب | ت | س | ة | غ | ط | ز | ل | و | ض | ج | ف | ض | ؤ |
| ن | ا | ل | ؤ | ن | ف | ع | ص | ب | س | ب | ي | ل | ي | ن | إ |
| ة | ئ | م | آ | ط | ب | ط | إ | ة | ر | ت | ة | ح | ا | آ | ز |
| ط | ض | ش | ت | ع | آ | ؤ | ج | ش | د | ر | ى | ظ | ى | ك | ذ |

| | |
|---|---|
| سيارة | محرك |
| قارب | صاروخ |
| حافلة | الإطارات |
| دراجة | سكوتر |
| العبارة | تاكسي |
| طوف | جرار |
| طائرة | مترو |
| هليكوبتر | غواصة |
| سيارة إسعاف | قافلة |
| شاحنة | قطار |

# 65 - Musikinstrumente

| | | | | | | | | | | | | | | | |
|---|---|---|---|---|---|---|---|---|---|---|---|---|---|---|---|
| آ | ض | ق | آ | ك | ئ | إ | ي | إ | ط | ؤ | ا | م | ض | و | س |
| خ | غ | ئ | ط | ت | م | ف | ت | خ | ا | ا | ل | ل | ث | ؤ | ا |
| ث | ح | م | ب | ب | ط | ر | ي | غ | ص | ف | د | ل | ة | ف | ك |
| ز | ف | ف | ئ | ط | ل | و | م | ي | ص | ذ | ق | ق | ر | ع | س |
| ا | ا | ل | ت | ر | و | م | ب | و | ن | ص | ا | و | ا | ي | ف |
| ا | ل | ظ | ش | إ | ن | و | ج | د | ى | ق | ت | ب | ث | ئ | و |
| ذ | ل | م | ذ | ل | ا | و | ج | آ | ا | ض | غ | م | ي | س | ن |
| غ | ظ | ب | ز | ب | ي | ب | ا | س | و | ن | ر | ن | ق | ظ | ق |
| ى | ن | ب | ا | م | ب | ن | ا | ي | ش | آ | ئ | د | ف | و | ت |
| ج | ن | ك | إ | ن | ا | م | ك | ذ | إ | غ | س | و | ق | ا | ن |
| ك | ط | ط | ظ | ع | ج | ر | ا | م | ز | م | س | ل | س | آ | ط |
| ق | ج | ت | ل | ئ | ف | و | ئ | ف | ل | و | ش | ي | ز | ج | د |
| ه | ا | ر | م | و | ن | ي | ك | ا | ق | ر | ذ | ن | ن | د | و |
| ا | ل | ت | ش | ي | ل | و | ك | ذ | خ | خ | خ | خ | ر | ب | ى |
| ن | ظ | ر | ص | ظ | ة | ض | ظ | ة | ن | ن | إ | ث | ب | ط | ظ |
| ق | ؤ | و | ج | ك | ذ | د | ش | ل | ع | ة | ك | ى | خ | ب | إ |

بيانو
مندولين
هارمونيكا
المزمار
الترومبون
ساكسفون
قرع
دف صغير
طبل
بوق

البانجو
التشيلو
باسون
ناي
كمان
قيثارة
الدقات
ناقوس
جنك
مزمار

# 66 - Blumen

| | | | | | | | | | | | | | | | |
|---|---|---|---|---|---|---|---|---|---|---|---|---|---|---|---|
| س | ف | ع | ز | ص | إ | ق | ؤ | ز | ض | ر | ت | ث | ث | ن | م |
| ؤ | ث | ظ | ه | ز | ذ | ق | ر | ج | ا | ر | د | ي | ن | ي | ا |
| خ | إ | ش | ر | أ | م | ء | ا | ب | د | ن | ه | ل | ا | ظ | غ |
| و | ر | د | ة | ر | ى | ع | ب | ا | د | ا | ل | ش | م | س | ن |
| ط | ي | و | ا | ج | ع | ي | ة | ي | ق | ا | ن | إ | ل | ع | و |
| ا | خ | ع | ل | و | ت | ف | ز | ر | ز | ل | ق | آ | ن | ؤ | ل |
| ة | ط | ف | ع | ا | م | ي | ي | ي | ظ | ف | ؤ | م | ي | ظ | ي |
| د | ن | ج | ا | ن | خ | ز | ا | م | ى | ا | ظ | م | م | ؤ | ا |
| ي | د | غ | ط | ي | ي | ئ | إ | و | ا | و | إ | ن | إ | د | ا |
| ا | ح | ظ | ف | إ | و | ر | ظ | ل | ظ | ا | ل | س | ح | ل | ب |
| س | ك | م | ة | ج | ط | ز | ن | ب | ق | ن | و | ظ | خ | ن | ي |
| م | ر | ا | ه | ز | أ | ة | ق | ا | ب | ي | ص | ش | آ | ص | ل |
| ي | ب | ه | ي | د | ك | ر | ك | ل | ا | ا | خ | ض | ق | ن | و |
| ن | ة | ة | ل | ت | ب | ل | ا | ت | ح | ا | ذ | إ | م | ط | ت |
| ى | ي | ض | ظ | ج | د | ث | ف | ن | ش | ل | ع | ن | ت | ت | ا |
| ض | د | و | ذ | ظ | ؤ | ذ | ئ | د | ت | د | د | ج | ئ | ر | ش |

البتلة
جاردينيا
ديزي
الكركديه
ياسمين
نفل
خزامى
أرجواني
زنبق
الهندباء

ماغنوليا
الخشخاش
السحلب
زهرة العاطفة
الفاوانيا
بلوميريا
وردة
عباد الشمس
باقة أزهار
توليب

# 67 - Natur

| | | | | | | | | | | | | | | | |
|---|---|---|---|---|---|---|---|---|---|---|---|---|---|---|---|
| د | ظ | ل | ه | ئ | غ | ت | ا | ظ | ق | ل | ح | ن | ل | ا | م |
| ى | ر | ا | ض | ف | ا | آ | س | ك | ر | ح | ت | م | ي | ث | ل |
| ط | د | ب | ض | ظ | ب | ك | ت | ش | ج | ج | م | ا | ل | غ | آ |
| ئ | ا | ج | ج | ل | ة | ل | و | ك | ش | م | ة | ج | ا | ك | م |
| و | غ | ل | ى | ش | آ | ؤ | ا | ف | ل | ب | ة | ب | ز | ز | ض |
| ش | ث | ا | ج | ع | ق | ى | ئ | ر | ا | ث | ؤ | ح | ر | ى | ط |
| ش | آ | د | ق | خ | ق | ر | ي | خ | ق | س | ص | ح | إ | ح | م |
| د | ي | ظ | ن | ئ | خ | ج | ؤ | ز | ا | س | ل | م | ي | ت | ل |
| ئ | آ | ص | ج | ص | ف | غ | ع | ت | ر | م | أ | و | ى | ا | ا |
| ة | ض | ح | ص | ح | إ | و | ع | ق | و | ك | ي | ل | و | ن | ذ |
| ؤ | ك | ر | غ | ث | و | ش | ك | ف | أ | ص | ك | غ | د | ا | ز |
| ذ | ص | ا | ص | و | ئ | ي | ر | ب | م | ئ | ؤ | ؤ | ب | و | و |
| و | ق | ء | ا | ل | ق | ط | ب | ا | ل | ش | م | ا | ل | ي | ت |
| ظ | ى | ز | ش | ص | ى | إ | ف | ب | ت | ف | ؤ | ذ | ت | ح | ج |
| ة | ت | ض | آ | ذ | ر | ه | ن | ض | ئ | ذ | آ | إ | ل | ل | غ |
| ق | ق | ن | ض | ظ | ؤ | و | ن | ر | إ | ش | ث | آ | ت | ا | م |

أوراق الشجر
حيوي
ضباب
جمال
مأوى
الحيوانات
استوائي
غابة
بري
صحراء

القطب الشمالي
الجبال
النحل
متحرك
تآكل
نهر
سلمي
مثلجة
ملاذ
هادئ

# 68 - Urlaub #2

ج ص ة ق ؤ ص ق ب ح ض ش ت ا ث ة ع
ت خ ي ي م ط ط ث ا ظ ك أ ن و ط د
ا آ ر ط ك ي ا ك ئ ث ق ش ث ل ن ر
ى ا ع ذ خ ث ر أ ج ن ب ي ة ا ب ئ
ة م ق د ن ف ع ص ى ب ح ر ل ب ح ز
ل ق ن ل ا و م ف آ ذ ص ة ح ج ذ و
ن ف ز ش ة ش و م ث م ا ن ر ل ت ج
ع ق ئ ب ط ؤ ئ ض ؤ ض ل آ ر ا و ه
إ ن ح ئ إ ل ت م ذ ت ف ش ؤ ز ة
ع ؤ ز ظ ق ج ط م ط ا ر ي ر ش ت ط
ل ى ث آ ز ث ز ع ع ف ف ص ع ط ى ي
ة إ ذ ك ش م د ح س ض ي ش ت ن ف ر
ؤ ئ ز ك ا ر خ ز غ و ه ر ا ئ ئ خ
ش ا ف آ ط ذ ا ك د ح ذ ج ك غ ت ي
غ إ خ ي ئ و ش ب ؤ ك و س ا إ م
ة ر ي ز ج ب ئ ف ب ا ت ب ي خ ؤ ة

أجنبي
الجبال
تخييم
مطار
الترفيه
فندق
جزيرة
خريطة
بحر
جواز سفر

رحلة
مطعم
شاطئ
تاكسي
النقل
عطلة
تأشيرة
خيمة
وجهة
قطار

# 69 - Barbecues

| | | | | | | | | | | | | | | | |
|---|---|---|---|---|---|---|---|---|---|---|---|---|---|---|---|
| ؤ | و | ذ | ص | م | د | ا | ا | ق | ح | غ | ط | ز | ح | ر | ق |
| ذ | ت | ط | ث | ض | ص | ل | ل | ض | ص | ي | ف | ذ | ة | آ | ب |
| ن | ح | و | ش | غ | ش | أ | س | ص | ق | ب | ل | ة | ه | ف | ث |
| ب | ز | ح | ن | ر | ؤ | ط | ل | ض | ق | ف | ف | ك | ك | غ | ى |
| ز | ف | ق | آ | ث | ظ | ف | ط | ك | د | ى | ل | ء | ا | د | غ |
| ن | ج | ئ | خ | ش | ن | ا | ا | ذ | ا | م | ؤ | ق | ف | ع | ا |
| خ | ة | ي | ا | و | ش | ل | ت | خ | ل | ل | ا | آ | ب | ل | ص |
| إ | ج | و | ع | ب | ن | ش | ض | د | ذ | ح | ئ | ل | ش | ى | ص |
| ث | ة | م | ش | ئ | ف | ر | ص | ئ | ا | م | ط | و | ض | ت | ظ |
| غ | ب | د | ا | ك | و | ا | ق | خ | م | ة | ك | ز | أ | م | ئ |
| ذ | آ | ذ | ء | ا | س | ح | آ | ص | س | م | و | س | ي | ق | ى |
| خ | ب | ط | ت | ن | ن | ي | ك | ا | ك | س | ر | ت | ط | ي | ش |
| ت | ا | ؤ | إ | ب | ؤ | ك | ص | ل | ص | ة | ث | ر | ذ | ة | ظ |
| ز | ع | ط | ؤ | ب | خ | ع | ص | ر | خ | ض | ؤ | ض | ك | ك | ع |
| د | ل | ن | ح | ي | ة | ئ | ج | ا | ج | د | ص | خ | ى | ح | و |
| ن | أ | خ | آ | ا | ز | ى | ق | ل | ج | ئ | ن | غ | ن | ب | ذ |

عشاء
أسرة
فاكهة
الشوك
خضروات
شواية
حار
دجاج
جوع
الأطفال

طبخ
سكاكين
غداء
موسيقى
فلفل
السلطات
ملح
صيف
صلصة
ألعاب

# 70 - Küche

| | | | | | | | | | | | | | | | |
|---|---|---|---|---|---|---|---|---|---|---|---|---|---|---|---|
| ا | إ | ى | ت | ز | غ | ل | ب | ا | و | ت | ا | ل | ش | و | ك |
| ل | س | ع | ط | ع | ا | م | ن | ى | غ | إ | م | ظ | ح | ع | ا |
| م | ف | ق | غ | ن | ئ | غ | ة | ز | ب | ا | و | ك | أ | ا | م |
| ل | ن | غ | ت | ز | ك | خ | ذ | د | ح | و | ض | ح | ؤ | ء | إ |
| ا | ج | آ | ر | ى | ك | ة | ر | و | ش | ب | و | ذ | ى | ز | ث |
| ع | ف | ظ | ظ | ز | ا | ف | د | ق | د | ز | ا | ض | ث | ز | ض |
| ق | د | م | ل | خ | ر | ر | ل | ع | ر | ش | م | ت | ظ | ج | ح |
| ج | ب | ك | ق | ن | ى | غ | ق | ؤ | ر | ن | ن | ش | آ | ا | ى |
| د | ز | ذ | ح | ز | ر | م | ظ | ط | ى | ذ | د | م | ج | ش | إ |
| ص | ص | ق | ف | ب | و | ك | ا | ش | و | ا | ي | ة | ع | ر | ة |
| ط | ض | ل | ت | ق | ف | ي | إ | ف | د | ا | ل | ف | ظ | ش | س |
| ص | ن | ي | إ | ث | ذ | ز | ة | ث | ب | ب | ت | ص | ل | ك | ق |
| ق | ن | ط | ج | ل | ذ | ز | و | ة | ط | آ | ن | و | ا | م | ح |
| ك | ف | ل | ث | ا | ن | ا | د | ي | ع | د | خ | ك | ل | ج | ط |
| خ | ث | ع | ج | ج | ن | س | ي | إ | ب | ر | ي | ق | و | م | ص |
| غ | ل | ا | ي | ة | ف | ح | خ | ب | ض | ن | د | ض | ى | د | ف |

سكاكين
فرن
وصفة
مئزر
وعاء
إسفنج
منديل
أكواب
غلاية

طعام
عيدان
الشوك
مجمد
توابل
شواية
مغرفة
إبريق
ثلاجة
الملاعق

# 71 - Schach

| | | | | | | | | | | | | | | | |
|---|---|---|---|---|---|---|---|---|---|---|---|---|---|---|---|
| ظ | غ | ئ | ى | ا | ك | ح | ع | و | ؤ | د | ؤ | غ | م | ن | ظ |
| غ | ت | ق | و | ل | ا | ل | ض | ؤ | د | ذ | آ | ج | ن | ي | ق |
| ة | ت | و | ق | م | ص | ة | ص | ل | ز | خ | ب | ؤ | ا | ص | ي |
| خ | ى | ا | ؤ | ص | ب | ق | ظ | ب | ع | ك | ن | آ | ف | و | ة |
| غ | م | ع | ؤ | خ | ظ | ن | ة | ب | آ | ى | ك | ب | س | د | ق |
| آ | ت | د | ن | ل | ط | ب | ي | ك | ح | خ | ك | س | ة | ص | ا |
| م | ت | ج | ث | ا | غ | ر | ج | ل | ا | ط | و | ظ | ب | خ | ئ |
| ؤ | إ | م | س | ر | ب | و | ي | م | ل | ث | إ | ة | غ | ب | ض |
| ز | ض | م | ر | ى | س | ك | ت | ع | ق | م | ع | ك | ى | م | ي |
| ظ | ض | ظ | غ | ظ | م | ي | ا | ل | ا | ت | ج | و | خ | ب | إ |
| ض | ي | ب | أ | ؤ | ز | ل | ر | ك | ن | ز | م | ه | ب | ع | ل |
| م | ل | ك | ة | ؤ | ط | ت | ت | ي | د | و | س | أ | و | ا | ض |
| ز | إ | ا | ذ | و | ي | ض | س | ق | ر | ط | ا | ق | ن | ل | ا |
| ل | ي | ت | ع | ل | م | ح | إ | ج | ك | خ | ب | ق | ط | ر | ي |
| ر | ذ | آ | ش | إ | ؤ | ي | ح | و | آ | ؤ | ق | ط | ئ | ؤ | ب |
| ج | ل | ط | ش | س | ج | ة | ق | ا | غ | ن | ة | ة | ئ | ؤ | ب |

بطل
قطري
الخصم
ذكي
ملك
ملكة
ليتعلم
تضحية
مبني للمجهول
النقاط

قواعد
أسود
لعبه
لاعب
إستراتيجية
مسابقة
أبيض
منافسة
الوقت

# 72 - Geographie

| | | | | | | | | | | | | | | | |
|---|---|---|---|---|---|---|---|---|---|---|---|---|---|---|---|
| ب | ش | إ | ع | غ | ر | ب | ر | خ | غ | ح | م | ب | ج | آ | ك |
| ث | آ | إ | ع | ق | ة | ح | ظ | ز | ك | ن | إ | ل | ب | د | ر |
| ف | خ | ط | ا | ل | ع | ر | ض | إ | ط | ا | ل | د | ل | غ | ج |
| د | ج | ئ | ب | ح | ص | ش | ز | ق | ي | ي | ؤ | ة | إ | ك | ن |
| ن | د | ا | ج | ز | ي | ر | ة | ت | ح | د | و | ت | ء | ب | م |
| غ | م | ج | ة | آ | | ر | ر | ك | م | ي | س | ج | ا | ت | ى |
| ظ | م | ع | ي | ى | ا | ه | ك | ت | ق | ر | ك | ا | و | ز | ح |
| ك | ش | غ | م | ق | ر | ن | ج | ا | غ | ي | ظ | ل | ت | إ | ط |
| ر | ش | خ | ل | و | ط | ل | ا | ط | خ | م | ف | ص | س | ز | أ |
| ط | ج | ر | ا | | ف | ف | ت | ع | ا | ف | ت | ر | ا | ط | م |
| ش | إ | ي | ع | ب | ث | ب | غ | ن | ي | غ | ر | ص | ل | ق | ظ |
| ؤ | ا | ط | ل | ت | ي | ش | ب | ز | ص | ؤ | ث | س | ا | ؤ | م |
| د | ق | ة | ا | ث | ر | ؤ | آ | ف | ث | إ | ن | د | ط | ؤ | د |
| ح | ض | ص | آ | ر | و | خ | ن | ل | ا | م | ش | ج | خ | ز | ي |
| ي | م | ع | و | ح | ئ | إ | غ | س | ش | ض | ح | ر | ب | ن | ن |
| ؤ | ر | ق | م | ج | ع | ح | ر | م | ك | ذ | ظ | ل | ث | ط | ة |

أطلس
خط الاستواء
جبل
خط العرض
نهر
كرة
ارتفاع
جزيرة
خريطة
قارة

بلد
خط الطول
بحر
ميريديان
شمال
محيط
منطقة
مدينة
العالمية
غرب

# 73 - Zahlen

| | | | | | | | | | | | | | | | |
|---|---|---|---|---|---|---|---|---|---|---|---|---|---|---|---|
| ط | خ | و | ي | س | ؤ | ذ | إ | ر | ش | ث | ة | آ | خ | ة | ؤ |
| ب | ش | ي | ظ | ت | س | ث | غ | ل | آ | إ | ذ | ث | م | ز | ظ |
| ئ | ث | و | ح | ة | ح | و | ت | ن | ش | ذ | ئ | ع | س | ط | ا |
| غ | ل | خ | د | ع | إ | غ | ب | ع | آ | س | ب | ع | ة | ض | ج |
| ث | ا | ص | ؤ | ش | ن | و | ج | ص | ذ | ت | ة | ئ | ع | د | ت |
| ق | ث | ف | س | ر | ة | ر | ئ | ط | ط | ظ | ص | م | ش | غ | ث |
| ض | ة | ر | ؤ | ب | ي | ش | س | ب | ع | ة | ع | ش | ر | م | ف |
| ا | ع | ر | ش | ع | ة | ع | س | ت | ت | س | ط | س | ا | ل | إ |
| ث | ش | ح | ض | ع | ق | ا | ن | ف | ص | م | ص | ن | ظ | ي | أ |
| ن | ر | ت | ب | ئ | خ | ن | ض | آ | ة | خ | ي | ج | ة | ر | ي |
| ا | خ | ر | ع | ج | ة | ث | ا | ل | ث | ة | ث | ع | ب | ش | غ |
| ن | أ | ق | س | إ | ع | ا | ل | ش | ع | ر | ع | ع | خ | ع | ج |
| و | ق | م | ج | ظ | س | خ | ؤ | ش | م | ش | ة | آ | غ | ظ | ت |
| ر | ف | آ | و | ؤ | ت | ت | ر | و | ج | ع | ز | غ | غ | ض | ق |
| ش | ز | ئ | ب | م | ج | ص | ك | ر | ش | د | ت | ئ | ز | ل | ق |
| ع | ؤ | ة | ي | ن | ا | م | ث | ر | آ | آ | إ | إ | ة | ت | س |

ستة
ستة عشر
سبعة
سبعة عشر
أربعة
أربعة عشر
عشرة
عشرون
اثنان
اثنا عشر

ثمانية
ثمانية عشر
عشري
ثلاثة
ثلاثة عشر
خمسة
خمسة عشر
تسعة
تسعة عشر
صفر

# 74 - Tage und Monate

ظ ش ذ ي ق غ آ ظ ي ئ ز ق إ ف ئ ث
ص ط ص و ا ف ض ك ت ب إ ي ى ع ذ ض
م غ ت ل ل ش ب م د ر ب م ف و ن
غ ف ع ي ا ى ص آ ل ص ى ر ة ئ س ظ
ذ ت ي و ث و ث ط ا ذ ة م ز م خ ق
ا ق ن ق ن أ ك ت و ب ر ب م ت ب س
ل و ا أ ي ع ز ا ض و ي ظ ص ح ا ئ
أ ي ي س ن ي غ ا ف ب ر ا ي ر ب ع
ر م ر ب ث ؤ ل ت ك ب ص ل ض ه إ ء
ب ظ ق و ث أ د ش م إ ا ج ث ش ص ا
ع ج ب ع ح ب ى س ا ل خ م ي س ل ث
ا و ظ د ل ث ي و ر ا ى ع ب س م ا
ء و ط س ق د م ت ع آ ة ة ب ط غ ل
ت ى ر ن س و و ي ن و ي ت إ س ب ث
خ ح ض ة ل ى آ ن آ ب ح غ ن غ ي ل
آ ض س خ ج ظ ط ف ر ي ك س ى أ س ا

تقويم
الأربعاء
شهر
الاثنين
نوفمبر
أكتوبر
السبت
سبتمبر
الأحد
أسبوع

أغسطس
ديسمبر
الثلاثاء
الخميس
فبراير
الجمعة
سنة
يناير
يوليو
يونيو

# 75 - Zu Füllen

| | | | | | | | | | | | | | | | |
|---|---|---|---|---|---|---|---|---|---|---|---|---|---|---|---|
| ا | ح | س | ك | ط | و | ق | و | ئ | ف | ؤ | ل | و | ح | إ | ف |
| ر | ز | ق | س | م | ى | ف | ح | س | ؤ | ا | ط | ص | ك | آ | غ |
| خ | ئ | م | ي | خ | ؤ | ص | ط | ز | ر | ذ | د | ء | ا | ع | و |
| ح | خ | م | غ | ب | ظ | ص | ز | ق | غ | د | ف | ل | ي | ل | ب |
| ج | ر | ة | م | ص | ة | ى | ز | ق | ص | و | ط | ض | غ | ب | ش |
| ت | ا | ا | س | ك | ث | س | ش | ى | ك | ر | ت | و | ن | ة | س |
| ز | ن | ض | ؤ | ت | ؤ | ظ | ف | و | ا | ث | ص | ح | ن | ض | س |
| د | ج | ب | ر | م | ي | ل | ج | ر | ل | ر | ي | م | غ | ل | ف |
| ل | ل | ا | ح | ز | م | ة | ي | ض | د | ع | ن | ة | إ | ح | ط |
| ج | ى | و | ج | ى | ح | ؤ | ب | م | ر | س | ي | خ | ع | ث | ح |
| م | ذ | ظ | ث | ة | ص | ل | ث | خ | ج | ئ | ة | ص | ل | خ | ح |
| ذ | ب | و | ز | ي | و | ز | ك | د | ع | ي | ئ | ش | ن | ت | م |
| س | ل | ة | ة | ل | ى | ز | ش | ف | ش | ت | ن | ا | ا | ش | ر |
| ظ | س | ش | ز | ه | ر | ي | ة | إ | و | م | ذ | خ | ى | ف | س |
| ل | ل | ظ | م | غ | ط | ر | ف | غ | آ | ط | ت | ح | إ | ف | د |
| ك | س | أ | ن | ب | و | ب | ز | ت | ب | م | ت | ع | ا | ت | ؤ |

حوض
علبة
دلو
برميل
زجاجة
كرتون
قفص
حقيبة سفر
سلة
جرة
مجلد
حزمة
أنبوب
وعاء
الدرج
صينية
جيب
مغلف
زهرية

# 76 - Das Unternehmen

| | | | | | | | | | | | | | | | |
|---|---|---|---|---|---|---|---|---|---|---|---|---|---|---|---|
| خ | ي | ذ | ج | ى | ر | ر | غ | ة | ج | ز | ي | ذ | ق | ف | ئ |
| ل | إ | ش | ة | آ | خ | ت | ش | و | د | ط | د | ح | ل | ل | ل |
| ض | ن | ق | ي | ي | خ | ي | ع | د | ى | ش | ف | إ | ض | خ | ل |
| إ | ج | ت | ن | م | ل | ا | ا | ر | ع | ج | ئ | ى | ك | ص | ذ |
| ذ | ع | ع | ا | ل | أ | ج | و | ر | ئ | ا | ئ | ا | ئ | ث | و |
| ذ | ر | ض | ك | ا | ص | ل | ت | إ | ث | د | ض | ؤ | ا | ش | ق |
| ض | ل | خ | م | ع | ن | ق | ر | ا | ر | ط | ا | خ | م | ل | ا |
| ى | ة | ج | إ | ز | ا | ؤ | د | ا | غ | ة | د | و | ج | م | ل |
| ف | ة | ع | م | س | ع | إ | و | س | ط | إ | ذ | ي | ل | ع | خ |
| ى | و | ا | ب | ص | ة | م | ح | ت | ر | ف | د | ر | ز | ل | د |
| ر | ة | ل | ش | ج | ل | ع | ى | ث | ذ | ي | ر | ك | ت | ب | م |
| ذ | ص | و | ر | ا | س | إ | ح | م | آ | ظ | ب | إ | ة | د | غ |
| آ | ج | ح | إ | ي | ر | ا | د | ا | ت | و | ت | ز | ق | ع | ز |
| ز | ن | د | س | ش | ئ | ج | ف | ر | س | ت | ا | ت | ؤ | ص | ك |
| ن | ن | ا | ذ | ر | ط | ل | ل | ي | ل | ا | ؤ | ج | إ | إ | ت |
| ض | ي | ت | ح | ي | ل | ؤ | ة | خ | ة | ز | و | ج | ا | ح | و |

خلاق
الأجور
إمكانية
عرض
المنتج
محترف
جودة
الموارد
المخاطر
سمعة

توظيف
الوحدات
إيرادات
قرار
تقدم
عمل
عالمي
صناعة
مبتكر
استثمار

# 77 - Kräuterkunde

| | | | | | | | | | | | | | | | |
|---|---|---|---|---|---|---|---|---|---|---|---|---|---|---|---|
| ا | ث | ح | غ | ف | ش | ب | ت | ئ | ف | ك | ش | غ | ة | ى | ث |
| ن | ل | ب | ج | ل | ا | ل | ي | ل | ك | إ | ف | ظ | ث | غ | و |
| ن | ش | ط | ة | ن | ذ | أ | خ | ض | ر | ج | ش | غ | ض | ر | م |
| ز | ى | ع | ر | ا | ل | ط | ه | ي | ى | ى | و | ع | ا | ص | ئ |
| ش | ع | ن | ه | خ | ك | ر | ط | غ | ع | ب | ق | د | و | ن | س |
| ى | آ | ف | ز | خ | و | ا | ئ | إ | آ | ط | د | ظ | ن | ع | ا |
| ئ | ع | س | ر | ى | ح | ن | ب | ة | ح | ة | ر | م | ش | ل | ا |
| ث | ز | ت | س | ا | ن | ك | ه | ة | غ | د | م | ي | ج | ا | ئ |
| ل | ع | آ | ى | إ | ن | ا | ح | ي | ر | و | ع | آ | س | إ | ذ |
| ت | ت | غ | ا | ظ | آ | م | ن | ؤ | خ | ج | ئ | ى | آ | س | ز |
| ص | ر | ا | ا | ق | د | ف | ق | خ | ز | ك | آ | ي | ل | م | ق |
| ذ | ؤ | آ | ش | ة | ق | ي | د | ح | ا | ل | ا | ب | ؤ | ذ | ح |
| ف | ف | غ | غ | ل | ش | د | ق | ك | م | ج | م | س | ض | ظ | ظ |
| س | ط | ع | ل | ر | ؤ | إ | ر | ث | ى | د | ي | م | ث | غ | و |
| ظ | إ | د | و | ج | ذ | ت | ؤ | ئ | ض | س | ع | غ | ب | ن | إ |
| ظ | ظ | ش | ك | م | س | ز | ق | آ | ق | إ | ص | ي | د | ط | ي |

الطهي
خزامى
مردقوش
بقدونس
جودة
إكليل الجبل
زعفران
زعتر
مفيد
العنصر

عطري
ريحان
زهرة
شبت
الطرخون
الشمرة
حديقة
نكهة
أخضر
ثوم

# 78 - Aktivitäten und Freizeit

| | | | | | | | | | | | | | | | |
|---|---|---|---|---|---|---|---|---|---|---|---|---|---|---|---|
| ب | ؤ | ل | ق | م | ن | آ | ل | م | ص | و | غ | ل | ا | ظ | ك |
| ؤ | ك | س | د | ة | ح | ظ | آ | ف | ت | ب | ث | ض | ن | ؤ | ر |
| ق | م | آ | ؤ | غ | ش | ا | ا | ح | إ | ؤ | ب | س | ت | ن | ة |
| ن | ذ | ظ | ئ | ع | ص | ف | ز | ا | و | آ | ف | ن | ح | ل | ا |
| ف | ي | ت | ذ | ئ | ق | ح | ع | غ | ى | ؤ | ذ | ت | س | ع | ل |
| م | ل | ا | ك | م | ة | ج | ب | ي | س | ب | و | ل | م | ش | ق |
| ص | ل | ط | ؤ | ل | ح | ح | ذ | ي | ب | إ | ا | ي | ط | ك | د |
| ي | ا | ل | ت | س | و | ق | ذ | إ | ش | ة | ح | ف | ص | ت | م |
| د | ل | ت | ؤ | ا | ل | ا | س | ت | ر | خ | ا | ء | إ | ن | إ |
| ا | ؤ | خ | ص | ل | ؤ | ب | ب | ك | غ | ث | ب | م | ن | ا | ف |
| ل | د | ي | ى | ر | ا | س | ص | ض | غ | ج | و | ن | ج | ا | ي |
| س | ى | ي | ؤ | ح | ر | ش | د | ض | و | و | ر | ف | س | ل | ا |
| م | ك | م | ة | ئ | ل | ى | ط | ل | د | ق | ظ | ز | ر | خ | م |
| ك | م | ظ | ن | ض | ك | ي | ف | ت | ا | ي | ا | و | ه | ل | ا |
| م | ت | إ | ل | ة | ر | ئ | ا | ط | ل | ا | ة | ر | ك | ل | ا |
| آ | ق | ز | ع | ب | ض | د | ع | ذ | ت | ق | ث | ل | ص | د | خ |

جولف
الهوايات
فن
السفر
سباق
سباحة
تصفح
الغوص
تنس
الكرة الطائرة

صيد السمك
بيسبول
كرة السلة
ملاكمة
تخييم
التسوق
الاسترخاء
كرة القدم
بستنة
اللوحة

# 79 - Formen

| | | | | | | | | | | | | | | | |
|---|---|---|---|---|---|---|---|---|---|---|---|---|---|---|---|
| ض | ؤ | ر | ت | ع | ط | م | ن | ح | ن | ى | ب | ث | ل | ث | م |
| ن | ط | ذ | ى | م | ر | ي | ط | ب | و | ع | ن | ب | ب | ل | ع |
| س | ز | ئ | ض | ب | ق | ي | و | ا | ض | ي | ب | ل | ا | ل | إ |
| ؤ | س | ث | ع | ن | ك | ر | ر | د | د | س | ز | ي | ر | غ | ط |
| ض | ب | ظ | ز | ع | ر | ط | خ | م | ئ | د | ث | ؤ | ا | ح | ش |
| ع | و | س | و | ق | ف | ت | م | ض | ا | ؤ | و | ب | ق | ن | د |
| إ | ق | غ | ئ | ي | ش | ذ | ه | ل | ز | ق | ي | ة | ص | م | ر |
| د | ل | خ | د | ا | ئ | ر | ة | ع | ل | ث | ا | ي | ن | س | ق |
| ن | ط | ؤ | إ | ض | م | خ | ن | إ | ا | ث | س | ة | ى | ت | خ |
| ف | ا | و | ح | ح | ج | ؤ | ا | ب | ع | ك | م | ق | ك | د | ر |
| ر | ب | ك | ص | إ | ت | ا | و | ن | ط | س | ة | غ | ف | ي | م |
| ذ | ع | د | ؤ | ؤ | ى | ع | ط | ا | ق | م | و | ش | و | ر | ر |
| ل | ة | ك | ض | ل | ج | ر | س | ج | ل | ط | ظ | م | ز | ذ | آ |
| د | ب | ق | ق | ب | د | إ | ا | ل | ا | و | ض | و | ك | ض | ث |
| غ | ر | ج | د | ش | ص | ق | آ | ا | ز | إ | ئ | ع | ش | م | ك |
| خ | ص | ل | ي | ط | ت | س | م | ج | ع | ا | ى | ن | ع | ب | ق |

مضلع
موشور
هرم
مربع
مستطيل
مستدير
الجانب
مكعب
اسطوانة

قوس
مثلث
ركن
القطع الزائد
حواف
مخروط
دائرة
منحنى
خط
البيضاوي

# 80 - Musik

| | | | | | | | | | | | | | | | |
|---|---|---|---|---|---|---|---|---|---|---|---|---|---|---|---|
| ن | إ | ش | ة | ر | ؤ | إ | ؤ | ض | ذ | م | ش | ك | ا | م | ث |
| ل | ص | ذ | خ | ص | خ | خ | ظ | و | غ | ح | ا | ر | ب | و | أ |
| خ | ح | ز | ع | غ | ن | ى | و | ص | ئ | م | ع | ا | ق | ي | إ |
| ع | ط | ن | ى | م | ي | ض | ط | آ | ل | غ | ر | م | آ | ذ | ط |
| آ | ج | ص | ن | ب | س | خ | ا | ع | م | ق | ي | ض | ط | ز | ح |
| ف | م | ع | ح | خ | ح | ق | ش | ن | و | ا | ل | م | غ | ن | ي |
| ى | آ | م | أ | ب | ت | ع | غ | م | ب | ت | ج | س | إ | آ | ع |
| ض | ب | ر | غ | ص | ؤ | ع | ش | ف | ل | و | و | س | و | خ | ا |
| م | ز | ض | ن | ى | ك | ث | م | ئ | أ | م | ق | ذ | ن | ل | ق |
| ا | ت | ا | ي | ي | ك | ت | و | ئ | ط | ي | ة | ى | ئ | ا | ي |
| ل | ي | ن | ة | ك | ق | س | س | ن | د | ك | ي | ض | ص | إ | إ |
| إ | إ | خ | ا | ي | ر | ج | ي | ذ | ظ | ر | ئ | ذ | ئ | ؤ | ط |
| ي | ط | ر | د | س | ح | ي | ق | ؤ | ج | و | ا | ح | ة | ش | ض |
| ق | د | ح | أ | ا | ق | ل | ي | خ | ض | ف | ن | ق | ت | س | ق |
| ا | غ | ة | ت | ل | ن | ؤ | ؤ | م | ز | و | غ | ل | ج | ب | ئ |
| ع | إ | ى | ش | ك | ك | آ | ق | ر | ذ | ن | خ | ش | ث | ذ | ى |

ألبوم
تسجيل
أغنية
جوقة
انسجام
متناسق
تحسين
أداة
كلاسيكي
غنائية

لحن
ميكروفون
موسيقي
أوبرا
شاعري
إيقاعي
إيقاع
المغني
غنى
الإيقاع

# 81 - Antiquitäten

| | | | | | | | | | | | | | | | |
|---|---|---|---|---|---|---|---|---|---|---|---|---|---|---|---|
| ف | ف | ر | ا | د | ئ | ن | ن | ن | ت | ث | م | ن | ي | ط | ز |
| ذ | ظ | ت | ر | ى | ق | ش | ض | ظ | ا | ا | ج | ض | و | س | غ |
| ن | ع | ى | ئ | ظ | ب | ي | د | ا | ا | ث | ج | ح | ر | غ | ي |
| ظ | ع | ط | ى | ق | م | ق | ط | ل | ؤ | أ | آ | م | ط | ة | ر |
| غ | ذ | ر | ي | و | ي | ؤ | ز | ن | ى | ص | ش | ق | ف | س | ع |
| ا | ف | ث | ق | ن | ة | ج | خ | ح | ق | ل | ة | د | و | ج | ا |
| ذ | ط | ف | ة | ز | ر | م | ة | ت | ذ | ر | ي | ل | ص | أ | د |
| ا | ل | ق | ي | م | ة | ة | ز | إ | ق | ا | ن | ا | ض | ا | ي |
| ت | ع | ص | ظ | م | ط | ا | ب | ط | ئ | م | د | ح | ؤ | ى | ك |
| م | ت | ح | م | س | ج | ر | ف | ي | س | ث | ع | ظ | ك | د | ة |
| ط | ر | ع | ع | ض | ذ | و | ن | ؤ | ز | ت | م | ذ | ن | ب | غ |
| ل | ي | آ | ح | ض | ش | ك | ه | ض | ف | س | ت | ق | ز | ي | ن |
| و | غ | س | خ | ظ | ظ | ي | ط | ر | ش | ا | ا | ع | د | ز | م |
| ح | أ | ن | ي | ق | ط | د | ع | ع | ا | ت | ل | ر | ر | ي | ط |
| ا | آ | د | ذ | ج | ع | ن | ع | م | ط | ت | م | ل | ؤ | ؤ | م |
| ت | ط | ت | غ | ب | ن | ي | ل | ص | ب | ز | ع | ز | إ | ة | ي |

قديم
أصلي
ديكور
أنيق
متحمس
معرض
لوحات
استثمار
قرن
فن

أثاث
عملات معدنية
ثمن
جودة
مجوهرات
النحت
نمط
غير عادي
القيمة
شرط

# 82 - Adjektive #2

| | | | | | | | | | | | | | | | |
|---|---|---|---|---|---|---|---|---|---|---|---|---|---|---|---|
| ص | ظ | ئ | ق | ث | خ | ي | ر | ح | ر | و | ه | ش | م | و | ا |
| ا | م | س | ؤ | و | ل | ل | غ | ى | و | ز | م | د | ض | و | ئ |
| ل | م | ز | ك | ي | ا | ث | و | ن | ف | د | خ | ر | غ | ف | ض |
| ح | ب | م | ش | و | ق | ث | ى | خ | ة | غ | ش | إ | ب | إ | إ |
| ل | ر | ص | ح | ي | ل | ر | و | إ | س | ث | غ | ح | ل | ا | م |
| ل | ي | ق | ن | ل | ن | ر | ذ | ؤ | ي | ع | ي | ب | ط | آ | ن |
| أ | د | أ | ر | ص | ع | ب | خ | ي | إ | خ | و | ز | ق | ذ | ر |
| ك | ر | ة | ن | أ | ل | ش | ل | ب | ح | ة | ق | ع | آ | ص | د |
| ل | ا | ي | خ | ك | ؤ | م | ذ | ق | ض | ة | ج | ا | ز | ظ | ث |
| س | م | ن | د | ج | ا | ئ | ع | ت | د | ز | ؤ | ص | ئ | ظ | و |
| إ | ا | ر | ع | خ | ر | ط | ا | ي | ى | د | ي | ة | ر | ئ | ص |
| ج | ت | غ | ص | ق | ق | ة | د | ف | ز | ب | خ | ئ | ع | د | ث |
| ذ | ي | إ | ن | ت | ا | ج | ي | ص | ض | ر | د | ذ | س | ب | ع |
| ف | ك | ة | ى | خ | ل | ز | ج | و | م | ف | ي | م | ز | آ | ة |
| آ | ي | إ | ح | ا | ش | ا | ض | ئ | ض | ى | ك | ز | ى | ظ | آ |
| ف | آ | س | ل | س | ي | ط | خ | ك | خ | غ | ب | ب | ر | ظ | س |

خلاق
طبيعي
الجديد
عادي
إنتاجي
مالح
قوي
فخور
مسؤول
بري

أصلي
مشهور
وصفي
دراماتيكي
أنيق
صالح للأكل
طازج
صحي
جائع
مشوق

# 83 - Kleidung

| | | | | | | | | | | | | | | | |
|---|---|---|---|---|---|---|---|---|---|---|---|---|---|---|---|
| ب | س | غ | ث | ل | آ | غ | ق | ظ | إ | ز | ن | ن | غ | ا | ث |
| ر | ل | م | ا | ز | ح | ض | ط | ل | ء | ق | ى | ن | ث | ل | ج |
| ح | ظ | و | ت | ن | و | ر | ة | ن | ا | ت | س | ف | ب | س | ش |
| د | ب | ن | ز | ئ | آ | ظ | ث | ا | ذ | د | ة | ط | ئ | ت | ض |
| ض | د | س | ع | ة | ض | و | م | ج | ح | س | ة | ع | ض | ر | م |
| ي | ى | ا | ل | ر | ا | و | س | ن | ا | ن | غ | م | آ | ة | ض |
| ص | ع | ب | ق | ت | و | ر | خ | ؤ | ش | م | ز | س | ا | خ | آ |
| ح | خ | ل | آ | س | ا | م | ا | ك | و | ى | و | ض | ز | ك | ى |
| س | خ | ظ | ز | ش | ص | ئ | إ | ؤ | ط | ص | ق | ف | و | آ | ر |
| س | ر | و | ا | ل | غ | ز | ا | م | ف | م | ب | ق | غ | ز | ث |
| ث | ر | آ | آ | ت | آ | ر | م | ب | ف | ظ | ع | و | ض | ن | ظ |
| آ | م | ا | خ | ر | ض | ظ | ض | ف | ط | غ | ة | ث | إ | ق | ع |
| ش | ط | ف | ز | ح | ا | ظ | ط | س | ذ | ث | ظ | ق | ض | ى | ذ |
| ل | ك | غ | ي | ز | ا | خ | ز | ل | ق | إ | آ | ا | م | ض | ز |
| ل | ش | ق | ف | ا | ز | ا | ت | ا | ر | ه | و | ج | م | ي | ؤ |
| ش | ز | ج | ي | ن | ز | ؤ | ر | ة | و | ؤ | ا | ت | ع | ر | ص |

سوار
بلوزة
حزام
قلادة
قفازات
قميص
سروال
قبعة
السترة
جينز

فستان
معطف
موضة
سترة
تنورة
وشاح
لباس نوم
مجوهرات
حذاء
مئزر

# 84 - Farben

| | | | | | | | | | | | | | | | |
|---|---|---|---|---|---|---|---|---|---|---|---|---|---|---|---|
| غ | ز | ض | ظ | ح | س | ز | ص | أ | ج | ق | و | ؤ | ن | ف | ؤ |
| ب | ب | ت | ب | ز | ل | ث | د | ز | د | ب | ز | أ | م | و | ذ |
| ص | ش | خ | ت | ظ | ح | ع | ؤ | و | ج | ر | خ | ا | إ | ش | و |
| ز | ط | غ | د | ب | ر | ب | إ | ر | م | ض | ا | ب | ن | ي | و |
| ذ | ت | ؤ | ك | م | ذ | د | ل | ا | ر | ك | ي | ك | د | ا | د |
| ق | ؤ | ت | ي | ا | و | ض | د | ؤ | م | ظ | ف | ط | ة | ق | ح |
| أ | ر | ج | و | ا | ن | ي | ئ | ظ | ح | ي | ز | م | ر | ق | أ |
| ب | ي | ة | ب | ي | ج | ب | ص | ر | أ | د | إ | و | ى | ص | ض |
| ة | ك | إ | د | و | س | أ | ي | ل | ي | ن | ح | ق | ف | ش | ش |
| ر | ة | ف | ذ | ا | ف | ي | س | ئ | ل | ك | خ | ر | ب | ف | ك |
| ر | و | ظ | ض | م | ن | ز | إ | ئ | ا | ا | ق | ت | ر | ر | ز |
| خ | ف | ق | ض | س | ب | أ | ز | ر | ق | د | ز | س | ص | ؤ | ظ |
| ذ | خ | ت | د | ق | د | ط | و | ب | ت | ي | ف | ط | ف | س | غ |
| ض | ئ | و | غ | ر | ص | غ | ر | ة | ر | ن | إ | م | ؤ | ح | ا |
| ض | ع | م | ل | ز | ظ | إ | د | آ | ب | ب | ن | ل | ر | ج | إ |
| ف | ة | ص | ث | ا | ة | س | ي | ذ | ق | ذ | ؤ | ت | ط | ن | ا |

أزور
بيج
أزرق
بني
فوشيا
أصفر
رمادي
أخضر
نيلي
أرجواني

برتقالي
قرمزي
وردي
أحمر
أسود
بني داكن
بنفسج
أبيض
ازرق سماوي

# 85 - Haus

| | | | | | | | | | | | | | | | |
|---|---|---|---|---|---|---|---|---|---|---|---|---|---|---|---|
| و | إ | ظ | س | ق | ز | ظ | ج | خ | ظ | ش | د | ح | ع | خ | و |
| ك | ز | ك | ذ | ة | ن | خ | د | م | ش | ي | ش | د | ق | ظ | ل |
| ب | ش | ع | ص | م | ح | ن | ز | و | د | ب | ى | ي | آ | ا | ى |
| ت | ذ | ر | ح | ك | ط | ذ | ط | ن | ذ | ف | خ | ق | ق | ف | ى |
| ا | ث | إ | ئ | ت | ئ | ه | ى | ة | ع | ظ | أ | ة | آ | ر | م |
| و | ز | ش | ع | ب | ا | ب | إ | ف | ر | غ | ص | ة | ف | ر | غ |
| ح | خ | و | د | ة | ح | ل | د | ر | ة | ا | غ | س | ر | م | د |
| خ | ص | ف | ا | ذ | و | ع | ئ | غ | إ | ل | ا | ن | س | ف | ب |
| ص | ف | ز | ن | ف | ط | ف | ث | آ | ب | ض | ن | ك | و | ا | ل |
| ذ | ب | ك | آ | ا | س | م | ص | ب | ا | ح | ؤ | م | ر | ت | ى |
| خ | ك | ز | ث | ن | ت | ق | ة | ع | ة | ف | و | ب | ف | ي | ي |
| س | ض | إ | ظ | ر | ص | ر | ف | ل | ز | ئ | ؤ | ة | خ | ح | ذ |
| آ | ي | ف | ش | م | آ | س | ج | س | ص | ظ | ن | ص | ض | س | ئ |
| م | و | ا | إ | ز | ج | د | د | ض | ج | ت | س | ق | ش | ئ | ص |
| ئ | و | غ | ج | ا | ر | ك | م | ط | ب | خ | أ | ث | ا | ث | ح |
| و | ز | ع | ا | غ | ا | ب | غ | ق | ن | ض | آ | ب | ظ | ب | ش |

مكنسة
مكتبة
سقف
علبه
دش
نافذة
كراج
حديقة
مدفأة
مطبخ

مصباح
أثاث
غرفة نوم
مفاتيح
مدخنة
مرآة
باب
حائط
سياج
غرفة

# 86 - Bauernhof #1

| | | | | | | | | | | | | | | | |
|---|---|---|---|---|---|---|---|---|---|---|---|---|---|---|---|
| غ | ض | ص | ع | س | ي | ا | ج | أ | ت | ئ | إ | ن | غ | ط | ئ |
| ش | ر | د | ج | ح | ر | خ | ا | ا | ر | ا | م | ح | ة | ت | ز |
| ب | أ | ا | ل | ص | ص | ر | ج | ت | غ | ز | ع | ا | م | آ | خ |
| ت | ل | م | ب | غ | ط | ا | د | ف | خ | ن | ز | ي | ر | ة | غ |
| ذ | ا | س | ك | ؤ | ص | ئ | ن | ئ | ع | إ | ش | ح | م | ع | د |
| ق | و | ل | ن | ا | ئ | ط | ش | ى | س | و | ظ | غ | ا | ث | ق |
| و | ط | ف | ن | ا | ث | ئ | ش | ص | ل | آ | ك | ع | ء | ج | ل |
| ظ | ي | ي | ز | ض | ظ | ئ | ش | و | خ | ا | إ | ى | ز | ة | ن |
| ظ | ض | آ | ش | ط | ة | و | ش | ز | ج | ن | ح | ل | ة | ئ | ب |
| ت | ب | ن | ح | ي | ح | د | س | ن | ؤ | خ | ك | ل | ب | ط | ق |
| ؤ | د | ة | ؤ | آ | غ | ب | د | ت | آ | خ | ض | ق | د | ص | ر |
| ص | ا | غ | ب | غ | ي | ف | ع | خ | ى | ت | خ | ح | ر | ث | ة |
| ل | غ | ع | ظ | ي | ا | ث | ع | ز | ش | ن | ح | س | خ | ك | ع |
| ا | ط | ض | ز | إ | ذ | ز | ؤ | ظ | ح | ب | ظ | م | ل | و | ا |
| غ | ؤ | ف | ذ | ت | ص | ر | ز | غ | ق | ب | ض | ث | ة | ع | ر |
| ح | ج | ت | ش | ا | ظ | ف | ظ | د | ش | ش | ض | و | ع | ب | ز |

نحلة
سماد
حمار
حقل
تبن
عسل
دجاج
كلب
عجل
قط

غراب
بقرة
الأرض
زراعة
حصان
أرز
خنزير
ماء
سياج
ماعز

# 87 - Regierung

| | | | | | | | | | | | | | | | |
|---|---|---|---|---|---|---|---|---|---|---|---|---|---|---|---|
| س | ئ | غ | د | خ | ش | ل | ج | خ | ض | ث | آ | ق | و | ب | س |
| ل | م | ى | س | ط | ط | ا | غ | ح | م | ة | ت | ئ | ز | آ | ي |
| ث | ن | ى | ت | ح | ب | ا | ش | ا | ق | ن | ي | ث | ث | ش | ا |
| ب | ط | ب | و | أ | ق | ذ | ب | ل | ق | ا | ن | و | ن | خ | س |
| ش | ق | ك | ر | م | خ | و | ض | ة | ل | ا | د | ع | ط | ل | ة |
| ى | ة | ئ | ا | ة | ذ | ط | ق | ذ | ذ | و | م | م | ي | ذ | إ |
| ل | ا | ل | ق | ت | س | ا | ر | ة | س | ذ | س | ج | م | ح | ت |
| ل | و | ش | ة | ؤ | ح | ؤ | ظ | ق | ف | د | إ | ي | ب | إ | ة |
| ق | ا | غ | ي | س | ث | ش | م | ن | ص | ب | آ | ة | ة | ف | غ |
| م | س | ت | ط | ح | ر | ي | ة | غ | ف | ش | ص | و | ذ | ي | غ |
| ج | م | ف | ا | ق | ل | ز | ع | ي | م | ض | ح | ح | ذ | ف | ب |
| ل | ل | د | ر | ى | ا | ط | ن | ن | ظ | خ | ت | خ | غ | ق | ك |
| غ | ا | ع | ق | م | ئ | ئ | ى | ط | ق | س | ك | ؤ | ج | آ | غ |
| ر | ا | س | م | ي | ز | ض | ب | و | ض | ح | ج | ح | ذ | خ | ب |
| س | ل | م | ي | ي | ش | ك | س | و | ن | ى | ف | ذ | ج | ذ | ط |
| ة | ح | ح | د | ذ | ش | ك | ئ | ش | ق | ج | إ | ق | آ | ز | ب |

أمة
وطني
سياسة
حقوق
خطاب
حالة
رمز
استقلال
دستور
مدني

منطقة
ديمقراطية
نصب
نقاش
حرية
سلمي
زعيم
عدالة
قانون
المساواة

# 88 - Berufe #1

| | | | | | | | | | | | | | | | |
|---|---|---|---|---|---|---|---|---|---|---|---|---|---|---|---|
| ث | ز | م | ج | م | و | ص | م | ع | ك | ز | ة | ط | ا | ي | خ |
| ا | ى | ح | ت | ى | د | ي | إ | ل | ص | ى | ش | ى | ت | ن | ل |
| ي | ع | ا | آ | ق | ك | ف | ل | م | ي | ب | م | ن | ك | غ | خ |
| ج | ك | س | د | ا | آ | ر | ذ | ا | ا | ة | ش | ز | ظ | ذ | ة |
| و | ت | ب | ن | ا | س | ص | ى | ل | د | ج | آ | غ | ئ | ا | ص |
| ل | ص | ي | خ | ع | ض | م | ؤ | ن | ب | ب | ط | غ | ط | ت | ق |
| و | ك | ض | ر | ن | ا | ن | ف | ف | و | ق | ص | ب | ن | ع | ا |
| ي | ش | ب | ك | ك | ت | ح | ى | س | ئ | م | ي | ز | ذ | ض | ر |
| ج | ط | ئ | ا | ر | خ | م | ا | س | ر | ب | ر | ي | ف | س | ح |
| ة | ا | ل | ظ | ذ | ر | ث | م | إ | ب | ط | ظ | م | د | خ | ي |
| ع | ظ | ا | ك | ك | ا | ب | س | ي | ذ | ا | ح | ي | ك | ل | ف |
| ب | ي | ب | ط | ص | ئ | غ | ط | ق | ظ | ا | ؤ | ئ | ط | ض | م |
| ل | ك | ع | ر | م | م | ر | ض | ز | م | ؤ | ك | ف | ز | ش | د |
| د | ى | ر | ف | ر | ي | و | ظ | ي | ح | ى | د | ش | خ | ئ | ر |
| ا | د | و | ن | ا | ي | ب | ل | ا | ف | ز | ا | ع | د | ج | ب |
| ى | م | غ | ح | ف | ؤ | ة | ك | ل | ر | د | ز | غ | ى | و | ص |

طبيب
فلكي
مصرفي
سفير
محاسب
جيولوجي
صياد
صائغ
رسام خرائط
سباك

ممرض
فنان
ميكانيكي
عازف البيانو
علم النفس
محامي
خياط
راقصة
طبيب بيطري
مدرب

# 89 - Adjektive #1

| | | | | | | | | | | | | | | | |
|---|---|---|---|---|---|---|---|---|---|---|---|---|---|---|---|
| د | ق | ق | ث | ع | ذ | ط | ج | ح | ص | ا | ل | ا | م | ذ | م |
| ع | ح | ق | و | و | و | ت | إ | ي | ر | ط | ع | ظ | و | ن | ت |
| ة | ي | خ | ق | ج | ة | ش | خ | ب | م | ش | د | آ | ؤ | ص | ط |
| ل | ل | ي | د | ظ | س | ك | س | ك | ه | ن | ا | ذ | آ | ص | ا |
| ك | م | م | ا | ا | ع | م | ش | ب | م | ك | ك | ج | ذ | ا | ب |
| ة | ا | ز | ص | خ | ي | ض | ي | ع | ا | و | ن | ر | ق | ي | ق |
| ؤ | ك | ق | ق | ا | د | ف | ف | س | ح | ف | ؤ | ي | إ | ك | ة |
| إ | ص | ب | ح | ل | ل | ا | ط | م | ح | ق | ق | ت | ز | س | ى |
| ف | ز | ر | خ | ي | ئ | ع | ن | إ | د | ر | ى | ض | ق | س | ا |
| إ | ا | ص | ؤ | ق | ؤ | ت | ك | ق | ي | غ | ث | آ | م | خ | ض |
| ص | ل | ق | ك | غ | ؤ | ي | ع | إ | ث | ج | ص | ظ | ة | ص | خ |
| ظ | ب | خ | و | س | ح | ؤ | ض | ث | م | م | ق | م | ج | س | ا |
| ز | ر | د | ف | غ | ق | د | ي | ش | ق | ة | ط | ع | ا | ف | ؤ |
| ى | ي | ز | ف | ف | س | ش | ج | م | ي | ل | ث | م | ي | ن | ف |
| و | ء | ل | ا | م | ء | ي | ط | ب | ق | ب | ن | ي | ط | و | د |
| ش | ا | ب | م | ح | ت | ش | ج | إ | ذ | ن | ع | ق | ذ | ر | ز |

مطلق
نشط
عطري
جذاب
داكن
رقيق
صادق
سعيد
متطابقة
فني

بطيء
حديث
كامل
ضخم
جميل
ثقيل
عميق
البريء
ذو قيمة
مهم

# 90 - Geometrie

ذ ت ف خ خ ك ن آ ا ث ة ج ك ش ز ع

ر ظ ا ن ت س ئ د ل د ؤ ت آ ف ك ض

ق ى إ د ب ت ك ي ا غ ك ف ف غ ح ت

ك ت ل ة ا ر آ ح ي ج ش ئ خ ث ئ إ

ؤ ت ز ل س ع ؤ ع إ ا ب ج ل ل د ا

و ة ا د ح ة ر ئ ا د ا ث ا د ن و

ش ص ل ا ط ع ط ع ف ا م م ك ف ب ق

ة ر ب ع س ط ق ح ش و ق ي إ ج ن آ

ع ج ع م س ق إ ذ ا ت ر ص ت ظ ي د

س ذ د ي س آ ل ز ة ي ر ظ ن ئ ط ة

ى د ى ن ح ن م ظ ص ز ة ئ ت ر ذ س

ص ض ض ذ خ ص م ق ض ص ك ص ت د ج ط

ض ؤ ر ئ ث غ ن ط ظ ب ض ج آ ر ف ث

ق ظ ب ة ظ ص ط ة ي و ا ز ئ ش ش ح

ش ى ؤ ل أ ف ق ي ف ك ن ح ش ر ل ش

د ر ث ك ط ئ إ م ر ب ع ا ف ت ر ا

نسبة
حساب
البعد
مثلث
قطر
معادلة
أفقي
ارتفاع
دائرة
منحنى

منطق
كتلة
رقم
سطح
مواز
مربع
قطعة
تناظر
نظرية
زاوية

# 91 - Jazz

| | | | | | | | | | | | | | | | |
|---|---|---|---|---|---|---|---|---|---|---|---|---|---|---|---|
| ا | و | إ | ك | ع | ص | ع | ر | و | ك | و | ر | ث | ف | ح | ح |
| ل | غ | م | ح | ؤ | ش | آ | ط | ط | ا | ر | ل | ث | ر | م | ن |
| ا | ن | م | ب | ص | ض | غ | ت | ن | ى | ا | د | ر | ف | ن | م |
| ر | ئ | ك | ا | ا | ا | ي | ص | ط | ش | ظ | خ | ت | ق | ح | ا |
| ت | ف | ن | ا | ن | ق | ي | ث | ح | ض | خ | م | ز | ف | ل | م |
| ج | ا | ل | ن | و | ع | ن | ق | ي | ا | ث | ص | ص | ب | م | ج |
| ا | ل | ج | د | ي | د | إ | م | إ | ذ | ر | م | و | ب | ل | أ |
| ل | ة | ق | ظ | ق | ز | ص | ب | ب | ت | ز | ة | ب | ض | ا | م |
| و | م | ب | ل | ي | د | ج | م | ه | م | و | ة | ح | أ | ص | ي |
| ن | و | ح | ش | س | ل | آ | خ | ا | ا | و | ي | غ | ض | ط | ب |
| ت | س | ز | إ | و | م | ئ | ن | و | ط | ق | ن | ق | د | ي | م |
| ى | ي | ن | د | م | ص | ع | خ | م | إ | ي | ق | ا | ع | ش | ت |
| غ | ق | ع | ا | ل | م | ف | ض | ل | ة | ف | ت | ج | ه | غ | ن |
| س | ى | د | ر | ا | س | ن | ي | ا | د | ص | إ | و | د | م | ك |
| ل | ي | ف | ح | ب | أ | و | ر | ك | س | ت | ر | ا | ط | ف | ف |
| ص | ف | ى | إ | ل | ة | ي | ق | ي | س | و | م | ة | ل | ف | ح |

أغنية
موسيقى
الموسيقيون
الجديد
أوركسترا
إيقاع
منفردا
نمط
المواهب
تقنية

ألبوم
قديم
تصفيق
مشهور
المفضلة
النوع
الارتجال
ملحن
حفلة موسيقية
فنان

# 92 - Mathematik

| | | | | | | | | | | | | | | | |
|---|---|---|---|---|---|---|---|---|---|---|---|---|---|---|---|
| ة | ق | آ | م | و | م | خ | د | ط | ؤ | ن | ن | ن | ج | غ | و |
| ع | م | ض | ل | ع | و | ط | د | ع | ذ | آ | ض | ق | ف | ج | ط |
| ق | ز | ظ | د | م | ا | و | ق | ظ | ت | ن | أ | ش | ص | ئ | ى |
| و | و | ط | د | و | ز | ف | ذ | ؤ | د | ة | س | ة | ف | ك | ح |
| ش | ا | ن | د | د | إ | ز | ط | ظ | ش | ا | ق | ؤ | ف | ئ | ق |
| ك | ي | ج | خ | ي | ص | م | ر | ب | ع | ل | م | ح | ي | ط | و |
| ت | ا | ز | ح | ع | ظ | إ | ف | م | و | أ | خ | ئ | ر | ك | ح |
| ل | و | ء | م | ع | ا | د | ل | ة | م | ر | ط | ب | ا | س | ح |
| ة | ح | ئ | ح | س | ح | ج | ل | س | ج | ق | ؤ | ة | س | ف | ت |
| ف | ي | آ | ا | ل | ص | و | ت | د | م | ا | ز | س | ض | ن | د |
| ج | ث | إ | ح | ص | ص | ط | ا | ن | آ | م | ئ | ئ | ا | ص | ف |
| ط | ض | ع | ش | ر | ي | ق | ج | ه | ك | ي | ب | ظ | ة | ى | ذ |
| ث | ل | ث | م | ل | ا | ث | ر | ب | ؤ | ى | ر | ي | ث | ي | د |
| غ | ص | ح | ظ | ر | غ | ذ | د | ك | ظ | ح | ث | إ | ق | ل | ر |
| ت | ئ | ع | ب | ط | ث | ا | ط | ث | ى | غ | ض | ن | ر | ى | و |
| ط | م | س | ئ | ئ | و | ج | ز | خ | ث | ل | س | ك | ف | ة | ث |

مضلع
مربع
مستطيل
عمودي
مجموع
تناظر
محيط
الصوت
زوايا
الأرقام

حساب
جزء
عشري
مثلث
قطر
أس
هندسة
معادلة
درجات
مواز

# 93 - Messungen

| | | | | | | | | | | | | | | | |
|---|---|---|---|---|---|---|---|---|---|---|---|---|---|---|---|
| ع | ر | ض | ن | ك | ف | ث | إ | ب | ئ | ر | ي | ت | ز | ح | ى |
| ا | ش | ض | ث | ل | س | س | ت | ب | ئ | ن | ذ | د | ج | ق | ب |
| ف | و | ر | ق | ا | ت | غ | ت | ن | ك | ظ | ك | ك | و | ص | ب |
| ت | ي | ع | ي | ل | ذ | ر | ت | م | و | ل | ي | ك | ا | ب | و |
| ر | ف | ن | ئ | ص | ا | ة | آ | آ | ب | ث | ة | د | ؤ | ع | ص |
| ا | ع | ر | ط | و | ك | ل | ؤ | ظ | ز | ف | خ | ا | ز | ي | ة |
| ة | ر | ؤ | ص | ت | ي | ش | ط | ل | ر | ك | خ | ج | ئ | ئ | ط |
| د | ة | ا | ع | ش | غ | ي | ك | و | آ | ح | خ | ق | ط | و | ل |
| ك | ؤ | ب | ا | ي | ت | ق | ت | م | ل | ذ | ك | ى | ع | ت | ت |
| س | ن | ت | ي | م | ت | ر | ل | و | ع | خ | ق | ش | ق | غ | ح |
| ذ | ز | غ | ق | ة | م | ة | ة | ي | ق | و | أ | د | ش | ع | ى |
| و | و | ش | و | ع | م | ق | ن | ا | ق | ى | ض | ق | ج | ئ | س |
| د | ى | ي | ت | م | ا | ر | غ | و | ل | ي | ك | ي | ظ | س | إ |
| ر | ظ | د | ك | ذ | ر | إ | إ | س | ش | ح | م | ق | آ | ط | ن |
| ج | ظ | ظ | ع | ؤ | غ | خ | ي | ع | ح | ك | ت | ة | س | ط | ب |
| ة | خ | خ | ع | ل | و | خ | ر | ب | ع | ك | ر | ت | ف | ج | ع |

عرض
بايت
عشري
وزن
درجة
غرام
ارتفاع
كيلوغرام
كيلومتر
الطول
لتر
كتلة
متر
دقيقة
عمق
طن
أوقية
الصوت
سنتيمتر
بوصة

# 94 - Boxen

| | | | | | | | | | | | | | | | |
|---|---|---|---|---|---|---|---|---|---|---|---|---|---|---|---|
| ئ | ذ | إ | ؤ | ل | ظ | غ | ئ | ن | ا | ق | م | آ | إ | ق | ث |
| م | ز | ي | ك | ر | ت | ل | ا | س | ف | و | ه | ب | م | ج | ز |
| ؤ | ق | ع | إ | ا | ل | ن | ق | ا | ط | د | ا | ل | آ | ى | ز |
| ن | ب | ح | ك | م | ق | ب | ز | ع | ر | ق | ر | ظ | غ | ة | ز |
| ص | ض | ظ | ئ | ر | ر | ا | ك | و | ع | ا | ة | س | إ | ج | ا |
| ل | ة | ق | ث | ه | ت | ض | ى | ي | ل | ا | ل | خ | ص | م | ع |
| ة | ى | و | ذ | ق | ن | ك | ر | ت | ا | ق | ك | ع | ؤ | ظ | ش |
| ج | ح | ة | ح | ش | ت | س | ع | ج | ب | و | ر | ظ | خ | ط | ب |
| إ | ب | ر | ن | ص | م | ا | ب | ذ | ح | ل | ذ | ب | ب | ؤ | ط |
| ن | ك | آ | ق | ذ | ف | ة | ت | ؤ | ل | ة | ى | ة | ة | ف | ق |
| س | ط | د | ئ | ي | ن | ذ | ز | ي | ا | ط | ث | ب | ث | غ | ض |
| ش | م | ك | ق | م | ى | ب | ئ | ب | خ | ئ | س | ر | ج | ث | ؤ |
| خ | ق | ظ | ة | ة | ظ | ظ | ف | ز | ة | خ | ش | س | ب | ك | ئ |
| ش | ا | إ | م | ث | ب | ض | ف | ن | ط | ظ | ت | ع | ق | ت | ل |
| إ | ت | ظ | م | ث | ض | ع | ى | ف | غ | غ | ر | ؤ | ش | ف | و |
| ص | ل | ة | ف | ك | ة | ت | ر | ث | ؤ | ث | ز | ب | غ | ع | ت |

ركلة
ذقن
جثة
النقاط
التعافي
حكم
سريع
الحبال
قوة
ركن
كوع
مرهق
قبضة
مهارة
التركيز
الخصم
جرس
قفازات
مقاتل

# 95 - Psychologie

| | | | | | | | | | | | | | | | |
|---|---|---|---|---|---|---|---|---|---|---|---|---|---|---|---|
| ط | ب | و | ش | ع | ض | ث | ت | آ | د | ك | ج | ت | ش | خ | ب |
| ز | ك | ا | ر | د | إ | ل | ا | إ | ح | س | ا | س | ق | ر | ل |
| ا | و | ق | د | ع | و | م | ي | م | ش | ك | ل | ة | ق | ض | ز |
| ى | ل | ت | ظ | ة | ى | ث | ر | ظ | غ | ن | أ | ز | ض | ت | ل |
| م | س | خ | ث | ل | ج | م | ك | ع | ز | ؤ | ن | ل | ذ | و | ق |
| خ | ي | ض | ط | و | ص | ا | ذ | ا | ا | ك | ا | آ | ج | ف | ث |
| ف | ي | و | ب | ف | ث | آ | ع | ا | ل | أ | ف | ك | ا | ر | ئ |
| د | ا | ب | غ | ط | غ | ب | ق | س | خ | ع | ن | ق | ل | إ | ش |
| ئ | م | إ | ف | ل | أ | ط | ا | إ | ع | ج | د | ة | ع | خ | غ |
| آ | ع | ج | غ | ا | ف | ث | و | إ | ن | ا | ظ | ق | ص | ث | ب |
| ث | ر | ح | ل | ة | ك | ش | ة | ث | ل | ؤ | آ | ي | ح | ت | ئ |
| ي | ف | أ | ح | ل | ا | م | ص | و | ع | ي | ة | و | ح | د | ق |
| ع | ة | خ | غ | ح | ر | م | ع | ة | ا | غ | د | ئ | ف | ج | ش |
| ا | ف | ئ | م | ر | ض | ي | إ | غ | ح | ح | ح | و | ى | ن | ذ |
| ص | ز | غ | س | م | ر | ق | ر | ث | ز | ش | ر | ي | ظ | ع | ى |
| ت | أ | ث | ي | ر | ا | ت | ب | ئ | ض | آ | ي | ج | ز | ض | ر |

نزاع
شخصية
مشكلة
إحساس
موعد
علاج
أحلام
سلوك
الإدراك
واقع

تقيم
فاقد الوعي
الأنا
تأثيرات
ذكريات
أفكار
الأفكار
مرحلة الطفولة
مرضي
معرفة

# 96 - Bauernhof #2

| | | | | | | | | | | | | | | | |
|---|---|---|---|---|---|---|---|---|---|---|---|---|---|---|---|
| ل | ل | ف | ا | آ | آ | ع | ى | ن | آ | خ | ف | ث | خ | ب | ل |
| ؤ | ل | و | ا | ئ | م | ك | ق | ف | م | م | ى | ب | ط | ى | ك |
| ط | ج | ر | م | ك | ت | ج | ع | ح | ا | ز | ث | ر | ض | س | ل |
| خ | ا | خ | ر | ع | ه | ز | ة | ظ | ش | ل | ح | ل | ي | ب | ه |
| و | ت | ا | ل | ر | ي | ة | ي | ي | ع | ذ | ر | ن | ش | ة | ب |
| ج | س | ت | ط | ا | ة | ط | ئ | ر | ي | ف | خ | ا | ي | ن | ح |
| أ | و | ز | ا | ز | ض | ب | ا | ة | ر | آ | ر | ت | ع | ص | ب |
| ن | د | ث | ن | م | ع | ز | و | ل | ظ | ئ | آ | س | آ | ي | و |
| ث | ع | ت | خ | ق | خ | و | ه | ط | ح | ص | ت | ب | آ | آ | ب |
| ق | س | ق | ن | م | ك | ص | ة | ق | ا | ي | ا | ؤ | ف | ى | ذ |
| ك | ؤ | ة | ح | ح | ذ | ؤ | ن | ط | م | ؤ | و | ج | آ | ع | ر |
| ج | ر | ا | ر | ي | ز | ش | و | ت | ن | ش | ر | ا | ر | ى | ة |
| ص | ن | ق | ش | ك | ا | ث | ح | س | ن | ا | ض | ج | ن | ط | ض |
| ث | آ | و | آ | ل | ذ | ك | ا | ؤ | ر | ض | خ | ن | ي | ا | خ |
| ز | د | إ | م | ئ | د | ل | ط | ر | ن | ص | ل | ل | ع | س | ت |
| ر | ب | ث | ج | آ | ب | ط | إ | ظ | ى | ظ | ا | م | آ | ف | ة |

بستان
ناضج
خروف
الراعي
حظيرة
الحيوانات
جرار
قمح
مرج
طاحونة هوائية

مزارع
الري
بطة
فاكهة
أوز
الخضروات
شعير
لهب
حبوب ذرة
حليب

# 97 - Gartenarbeit

| | | | | | | | | | | | | | | | |
|---|---|---|---|---|---|---|---|---|---|---|---|---|---|---|---|
| ا | ؤ | ت | ف | ت | إ | ئ | د | ا | م | س | ص | م | ر | ك | ز |
| إ | م | ئ | ؤ | ر | و | ة | م | ل | و | ث | ا | م | إ | ر | ظ |
| س | غ | ز | غ | ب | ط | ج | ئ | ت | ط | و | ل | ع | ذ | ن | ث |
| د | ض | ز | غ | ة | ي | آ | ب | ر | ر | ا | ح | ى | ح | ؤ | ح |
| م | و | س | م | ي | ق | ر | ك | ا | خ | أ | ل | ئ | ب | ع | ل |
| ش | إ | ج | ة | ي | ف | ص | غ | ب | ا | و | ل | ش | ز | و | ك |
| و | ض | ج | خ | ي | إ | ح | ذ | ر | ن | ر | أ | ك | ض | و | ض |
| ق | ك | ج | ح | ث | ت | ح | ت | ي | م | ا | ك | ح | س | ض | ل |
| م | ز | ب | ث | ن | و | ج | إ | ك | ح | ق | ل | د | ا | ي | م |
| ة | ق | ث | خ | ذ | ب | ي | ز | ض | ء | ا | ع | و | ي | و | ب |
| ط | ي | ط | ف | ق | ز | ا | ص | س | م | ل | م | ف | ظ | ج | ا |
| ي | ك | ظ | ت | ج | ه | و | ت | ل | ا | ش | ب | ا | ش | ة | ت |
| ر | ط | و | ب | ة | ر | ة | ر | ي | ء | ج | ذ | ك | آ | ل | ن |
| ب | ف | ب | ص | ن | ب | ى | ج | ق | ص | ر | و | ب | ة | ت | ظ |
| ب | س | ت | ا | ن | ى | ض | ظ | ل | ة | إ | ر | ل | ة | و | ظ |
| ب | ا | ق | ة | أ | ز | ه | ا | ر | ا | ل | أ | ن | و | ا | ع |

الأنواع
ورقة
زهر
تربة
نباتي
وعاء
صالح للأكل
غريب
رطوبة
مناخ

سماد
أوراق الشجر
بستان
بذور
موسمي
خرطوم
التراب
باقة أزهار
ماء

# 98 - Berufe #2

| | | | | | | | | | | | | | | | |
|---|---|---|---|---|---|---|---|---|---|---|---|---|---|---|---|
| م | و | ة | و | م | ة | ط | ل | ث | و | ق | ف | أ | ط | أ | و |
| خ | ش | ؤ | ح | ض | ه | ي | ي | ف | ح | ص | ص | ح | ب | م | ط |
| ت | إ | آ | ر | غ | ر | ن | ح | ا | ر | ج | ش | ي | ي | ي | ز |
| ر | ك | ذ | ئ | ظ | ا | ت | د | ي | ر | ث | ح | ا | ب | ن | س |
| ع | ط | ب | ي | ب | ئ | ط | ى | س | و | ح | ظ | ئ | أ | ا | خ |
| ك | ص | ز | ئ | ط | د | ض | خ | ا | ص | م | ر | ي | س | ل | س |
| ف | ط | آ | ك | م | ف | ق | غ | ي | م | ن | ة | ب | ن | م | ئ |
| م | ح | ق | ق | ب | ض | ح | ت | س | ل | ث | ع | آ | ا | ك | س |
| إ | ي | و | غ | إ | ا | خ | ح | ذ | ا | ي | ح | ؤ | ن | ت | ط |
| ي | د | غ | ئ | م | ء | ف | ي | ل | س | و | ف | م | غ | ب | ذ |
| ح | إ | ط | ل | ب | س | ت | ا | ن | ي | ق | ى | د | ج | ة | ف |
| ص | إ | ا | ت | غ | إ | ك | إ | و | ف | خ | ض | ر | ب | ي | ؤ |
| ي | ص | م | ح | ي | و | ك | ر | د | ه | ا | ن | س | ف | ظ | ب |
| ظ | خ | ؤ | ن | ا | و | ي | ح | ل | ا | م | ل | ا | ع | ب | ب |
| ث | ؤ | و | ى | ة | ئ | ق | ج | ش | ص | ف | ي | ك | خ | ك | ظ |
| ة | د | ى | خ | د | ظ | ا | ذ | ي | إ | ت | ن | د | م | ذ | ج |

طبيب
رائد فضاء
أمين المكتبة
أحيائي
جراح
محقق
مخترع
باحث
بستاني
المصور

مهندس
صحفي
مدرس
لغوي
دهان
فيلسوف
طيار
سياسي
طبيب أسنان
عالم الحيوان

# 99 - Wetter

| | | | | | | | | | | | | | | | |
|---|---|---|---|---|---|---|---|---|---|---|---|---|---|---|---|
| ذ | ق | ف | ة | ج | ة | ا | خ | ا | ن | م | س | ا | ص | ف | ذ |
| س | ح | ا | ب | ة | ف | ا | ج | س | ز | ا | م | ل | ج | غ | ظ |
| ؤ | ي | ك | ظ | ق | ص | ا | ظ | ت | ي | ق | ا | غ | خ | و | ل |
| ق | ظ | خ | غ | و | ا | غ | ف | و | ع | م | ء | ل | ذ | ق | ش |
| ف | ب | خ | ج | س | ع | ة | ص | ا | ح | س | و | ا | ة | ع | ا |
| د | خ | و | ن | ق | آ | ر | م | ئ | ع | ب | د | ف | ض | ك | خ |
| ع | ى | غ | ز | ز | ت | ا | ا | ي | ض | ئ | ه | ا | إ | ئ | ب |
| ر | ط | ب | ق | ح | ي | ر | م | ن | س | ل | ل | ل | ة | ب | م |
| ل | ش | ث | ط | ر | ص | ح | ك | غ | ذ | ن | ب | ج | ع | خ | ئ |
| ا | ظ | ي | ب | ت | ب | ل | ج | ل | ي | د | ا | و | ج | ج | ة |
| ق | ر | ن | ي | د | ط | ا | ث | إ | ج | ص | ئ | ي | ن | ح | ا |
| ا | ل | ض | ب | ا | ب | ة | ض | ع | ح | ر | ر | ح | ع | ن | ا |
| ة | ف | ظ | و | ب | إ | ج | ت | ص | ث | ج | ة | ك | س | ل | غ |
| ظ | ز | ع | ئ | آ | ن | ر | ج | ا | ط | آ | ذ | ز | س | ل | ر |
| س | ث | ؤ | ك | ج | ة | د | ى | ر | ط | س | ر | ظ | خ | ج | ض |
| ئ | ت | س | ث | ئ | خ | ص | ت | ؤ | ب | ة | ن | ر | ك | ح | ط |

قطبي
قوس قزح
هدوء
عاصفة
درجة الحرارة
إعصار
جاف
استوائي
ريح
سحابة

الغلاف الجوي
برق
نسيم
الرعد
جفاف
جليد
رطب
سماء
مناخ
الضباب

# 100 - Chemie

| | | | | | | | | | | | | | | | |
|---|---|---|---|---|---|---|---|---|---|---|---|---|---|---|---|
| ة | ز | ش | ع | ن | ع | ب | ض | ذ | غ | م | ي | ز | ن | ا | م |
| ر | ن | ض | غ | ز | آ | ن | ح | ك | ا | ب | و | ت | ظ | م | ر |
| ح | و | ئ | ئ | ب | ح | ز | ل | س | ز | ى | و | م | ق | ح | ك |
| ي | ر | ق | ط | ى | ة | و | م | غ | ق | ه | ن | س | ع | ف | ب |
| و | ت | آ | ل | ذ | ر | ت | م | س | و | ي | ر | ا | أ | ز | ص |
| ل | ك | ف | ك | ظ | ا | ؤ | ة | ز | ج | د | ر | ئ | ي | ل | م |
| ق | ل | ط | ن | ع | ر | ظ | د | ع | ح | ر | د | ل | و | ن | ن |
| ذ | إ | ل | ي | غ | ح | د | س | ف | ر | و | ف | ب | ن | ن | ز |
| ض | و | ك | ت | س | ل | ض | ن | ز | ن | ج | ع | إ | و | ز | د |
| ل | س | ن | ي | إ | ا | ذ | إ | ض | ا | ي | ل | ط | ك | آ | ق |
| ذ | ح | ر | ا | ر | ة | ب | ة | إ | ذ | ن | ي | ر | ش | ض | ح |
| ك | ج | أ | ك | س | ج | ي | ن | ض | م | ع | ب | ق | ر | ذ | ث |
| م | ز | ث | ع | ف | ر | ث | ق | ق | ح | و | آ | ئ | ح | ج | ى |
| ج | خ | ب | ط | ش | د | إ | ي | ئ | ن | غ | ى | ر | و | ة | ت |
| ل | ا | ح | ؤ | ج | ظ | ة | آ | ؤ | ش | غ | م | ظ | غ | ل | و |
| ذ | ض | م | ح | ذ | ؤ | ن | ظ | ض | ظ | ؤ | م | ك | ع | إ | ش |

كربون
مركب
نووي
عضوي
رد فعل
ملح
أكسجين
حمض
درجة الحرارة
هيدروجين

قلوي
كلور
إلكترون
انزيم
سائل
غاز
وزن
حرارة
أيون
محفز

## 1 - Gesundheit und Wellness #2

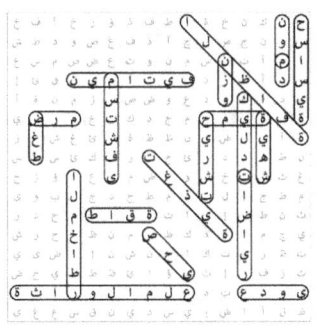

## 2 - Ozean

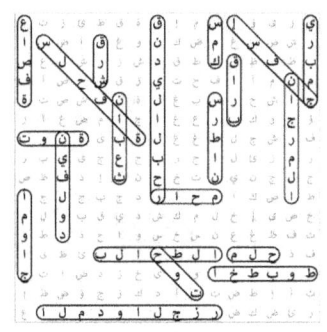

## 3 - Krankheit

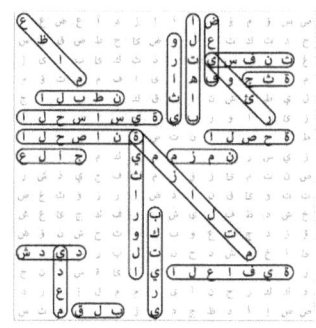

## 4 - Meditation

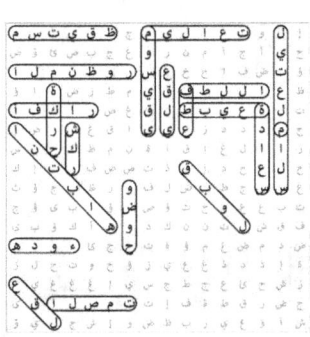

## 5 - Archäologie

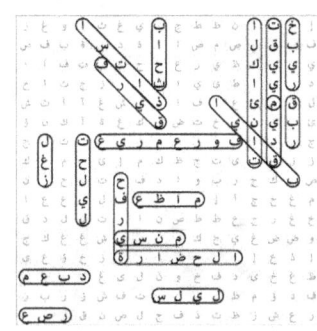

## 6 - Insekten

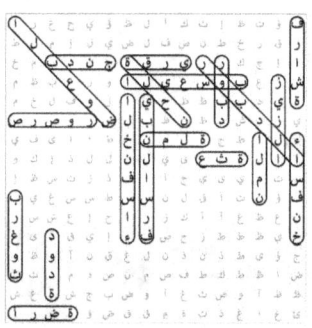

## 7 - Gesundheit und Wellness #1

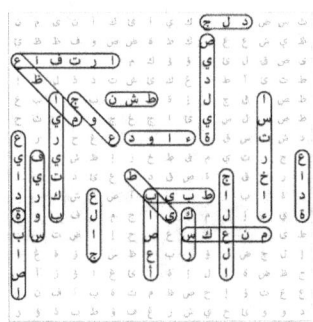

## 8 - Obst

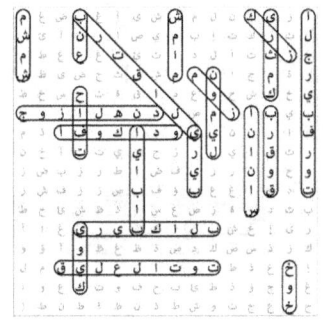

## 9 - Universum

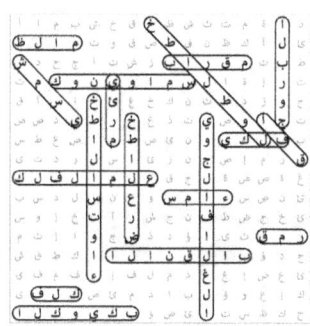

## 10 - Camping

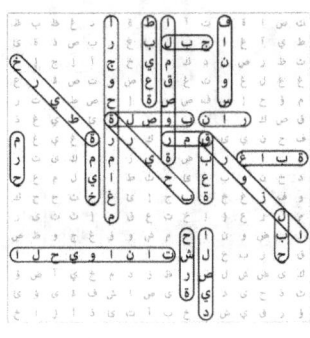

## 11 - Zeit

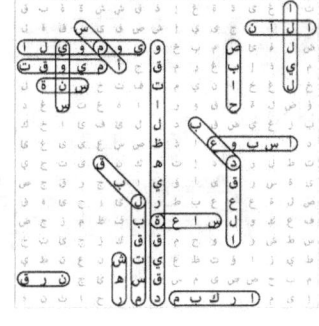

## 12 - Säugetiere

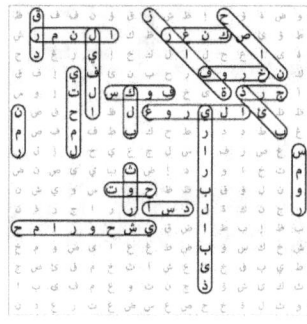

## 13 - Algebra

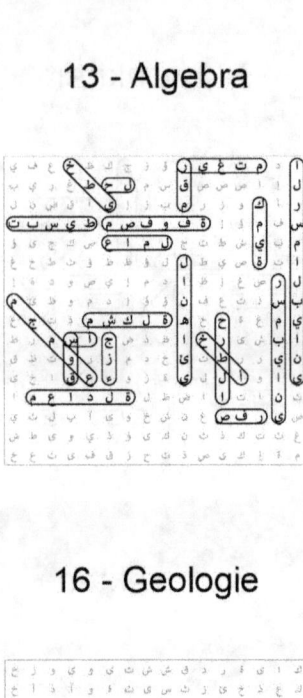

## 14 - Diplomatie

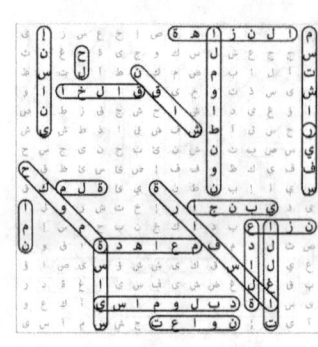

## 15 - Astronomie

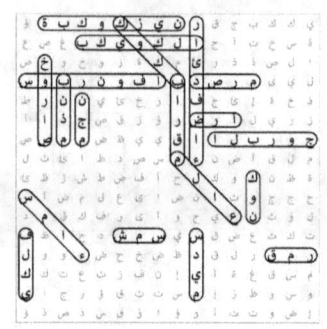

## 16 - Geologie

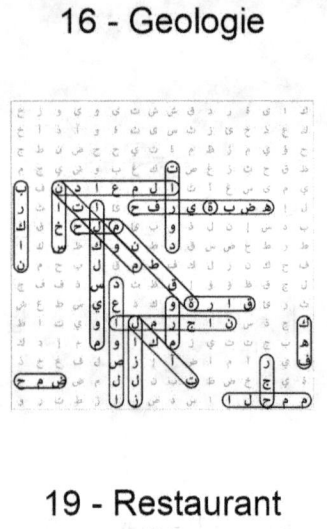

## 17 - Sport

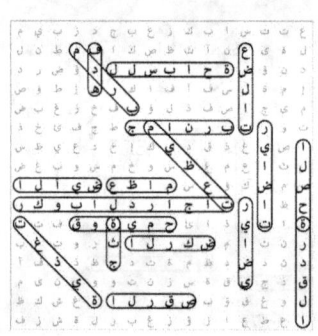

## 18 - Mythologie

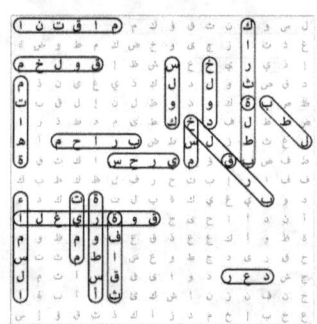

## 19 - Restaurant #2

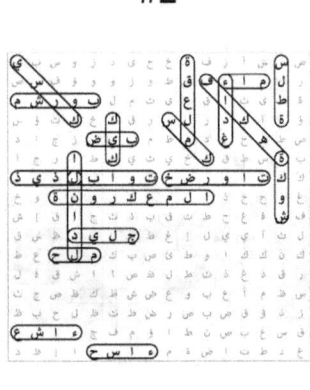

## 20 - Ökologie

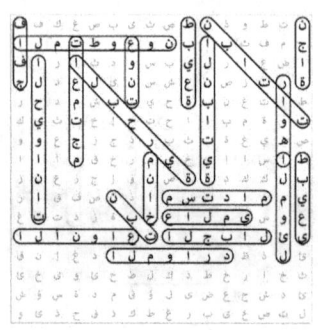

## 21 - Boote

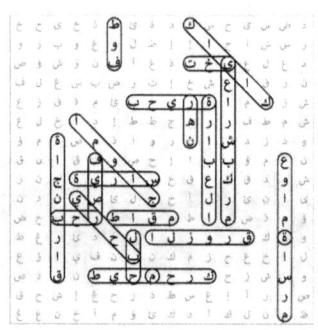

## 22 - Stadt

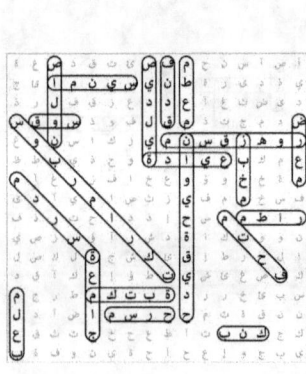

## 23 - Aktivitäten

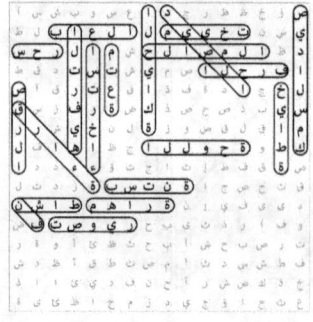

## 24 - Bienen

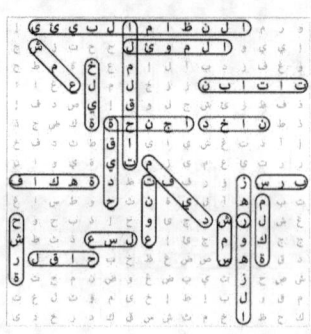

## 25 - Wissenschaftliche

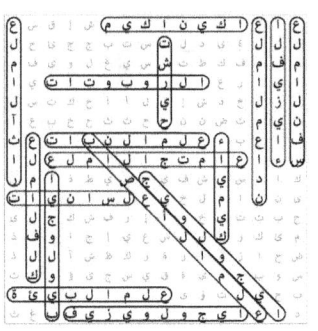
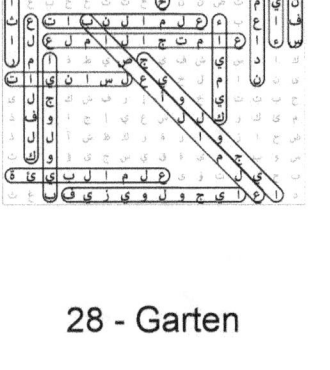

## 26 - Vögel

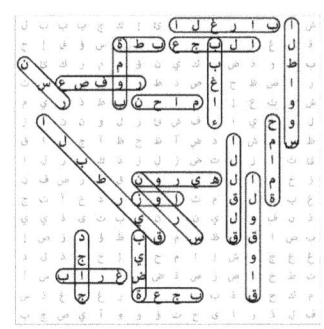

## 27 - Biologie

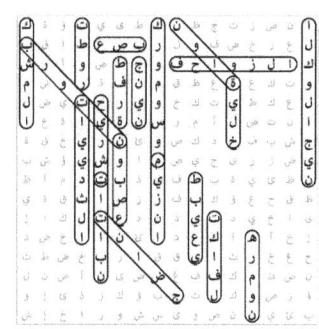

## 28 - Garten

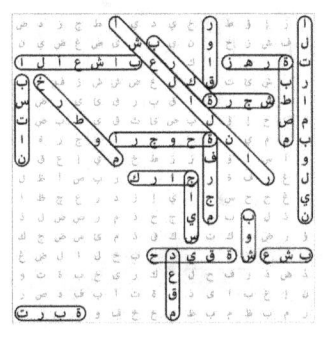

## 29 - Antarktis

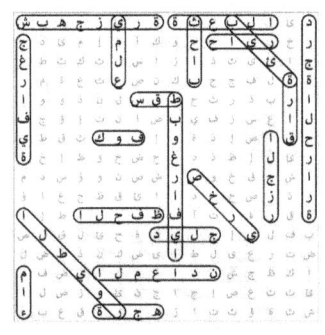

## 30 - Fahren

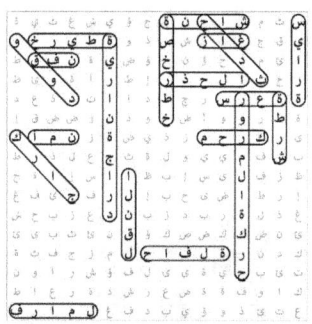

## 31 - Physik

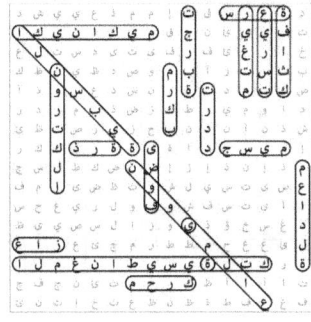

## 32 - Bücher

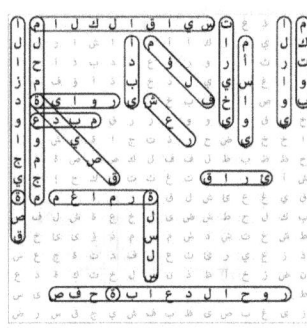

## 33 - Menschlicher Körper

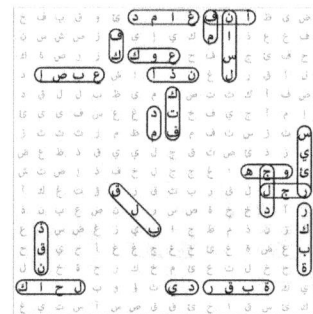

## 34 - Agronomie

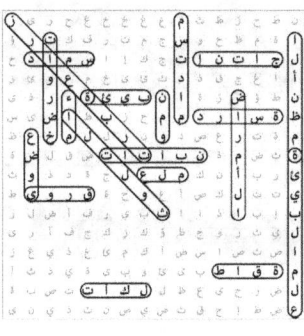

## 35 - Landschaften

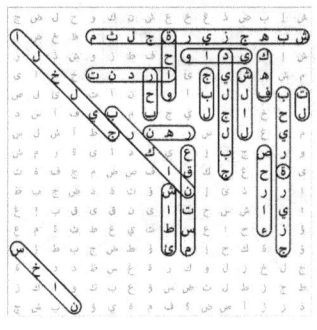

## 36 - Abenteuer

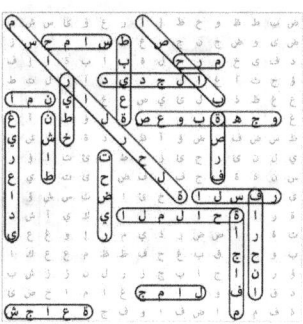

## 37 - Flugzeuge

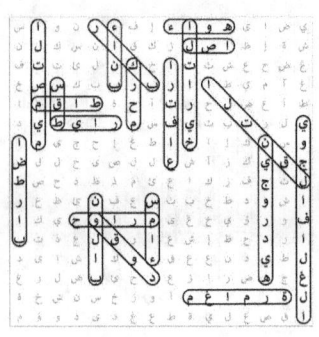

## 38 - Haartypen

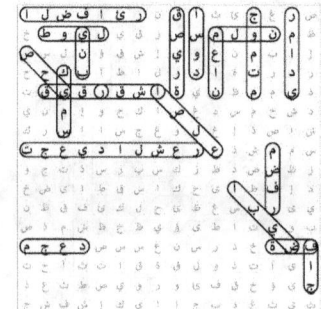

## 39 - Essen #1

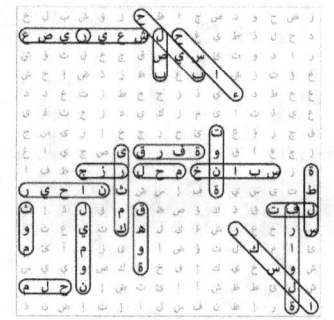

## 40 - Ethik

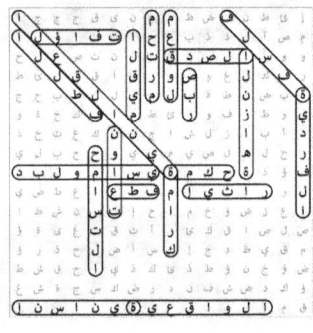

## 41 - Gebäude

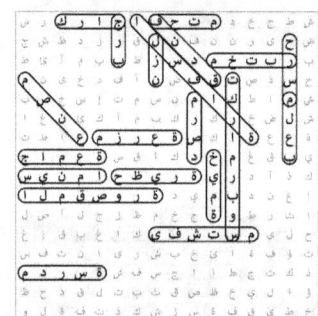

## 42 - Mode

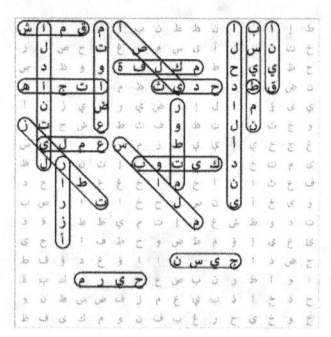

## 43 - Essen #2

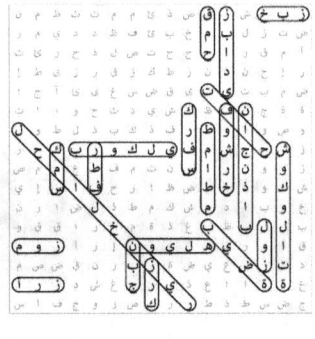

## 44 - Energie

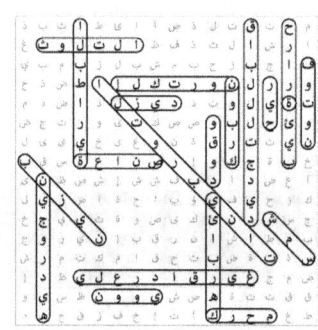

## 45 - Familie

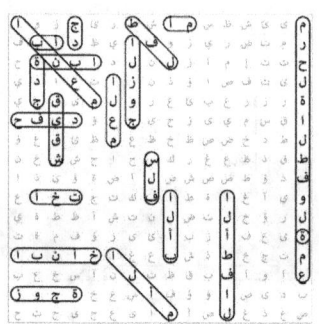

## 46 - Pflanzen

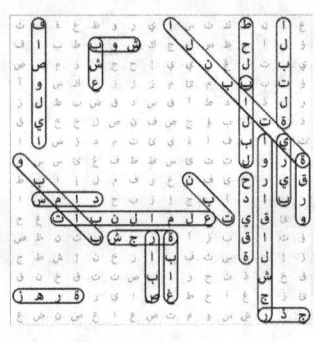

## 47 - Kunst

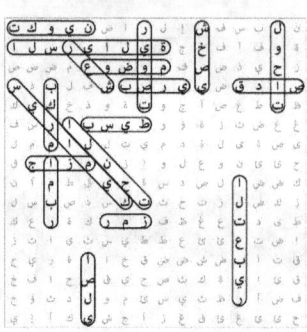

## 48 - Gewürze

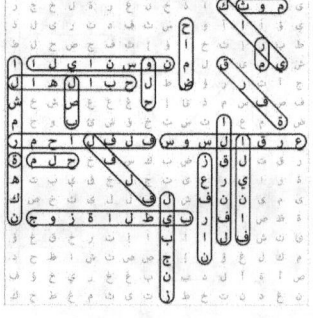

## 49 - Kreativität

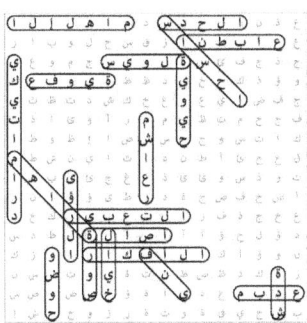

## 50 - Geschäft

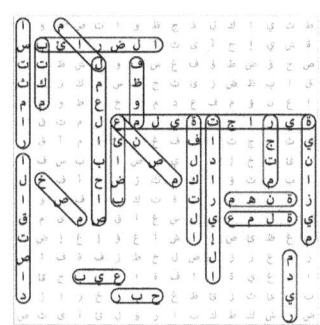

## 51 - Ingenieurwesen

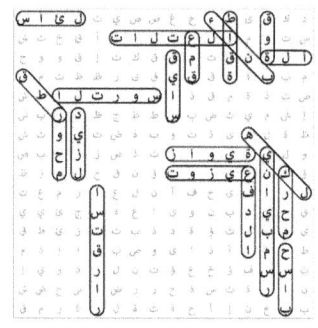

## 52 - Kaffee

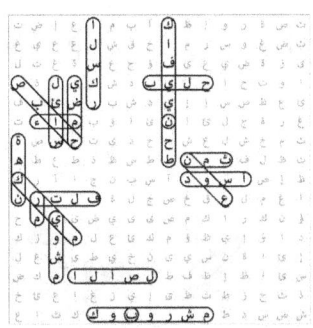

## 53 - Gemüse

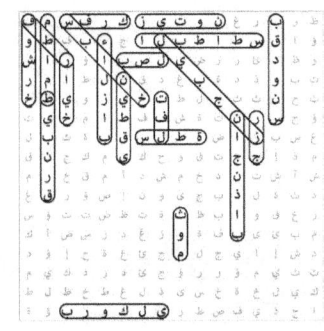

## 54 - Schönheit

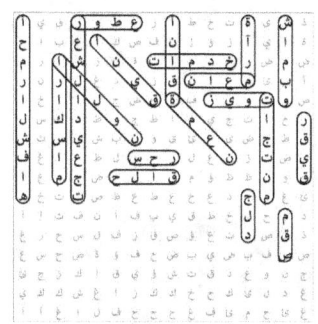

## 55 - Tanzen

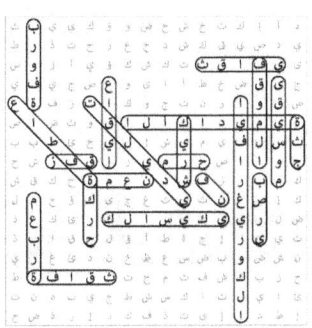

## 56 - Ernährung

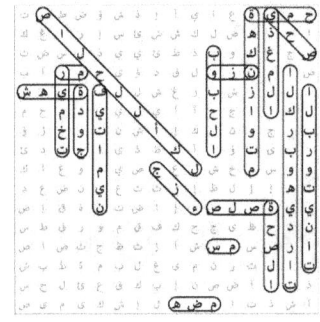

## 57 - Länder #1

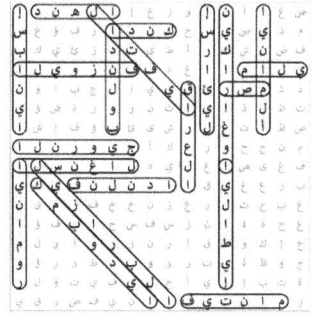

## 58 - Technologie

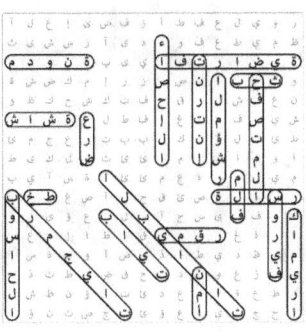

## 59 - Science Fiction

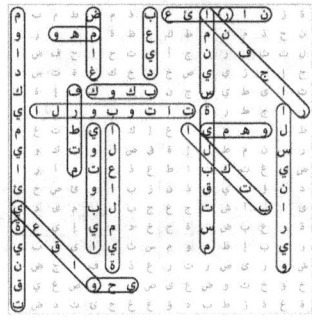

## 60 - Literatur

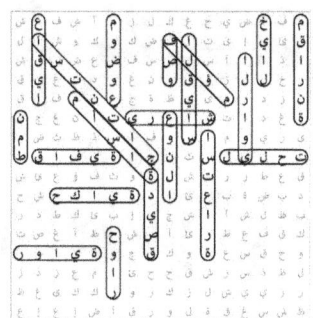

# 61 - Wandern

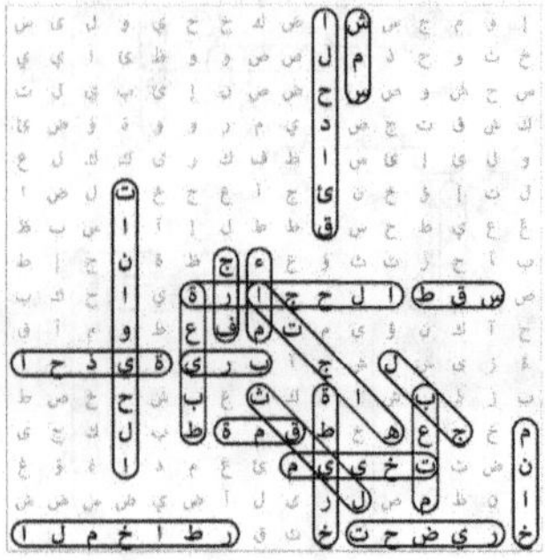

# 62 - Globale Erwärmung

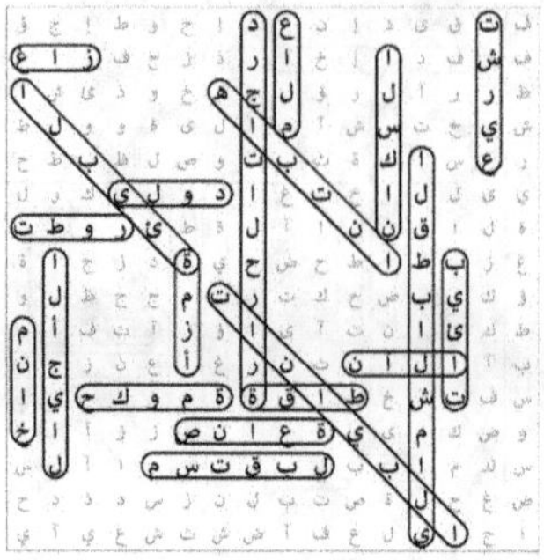

# 63 - Länder #2

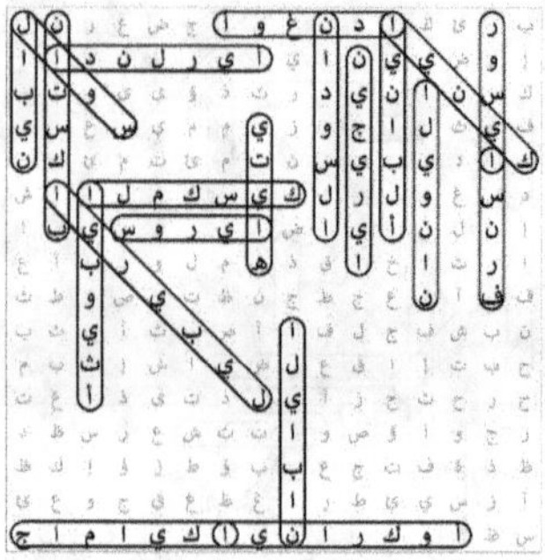

# 64 - Fahrzeuge

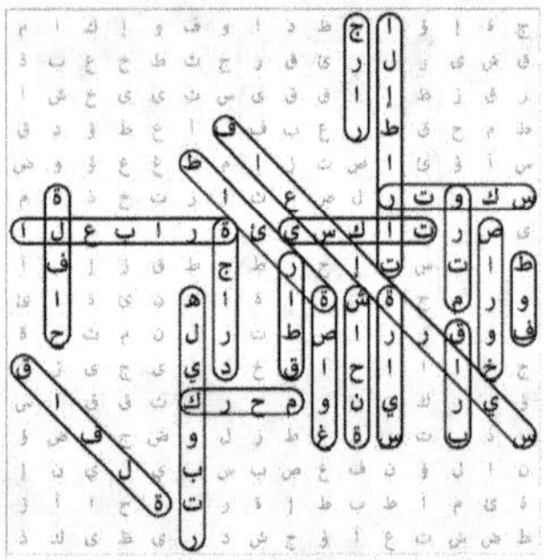

# 65 - Musikinstrumente

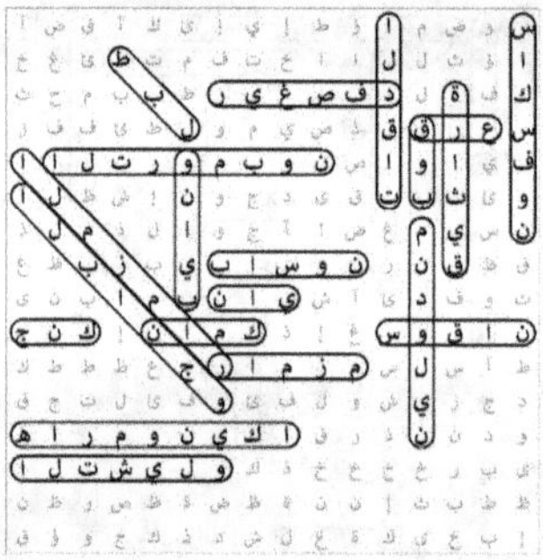

# 66 - Blumen

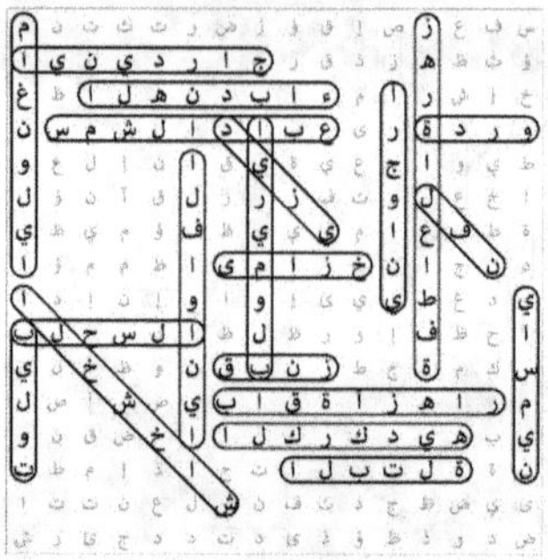

# 67 - Natur

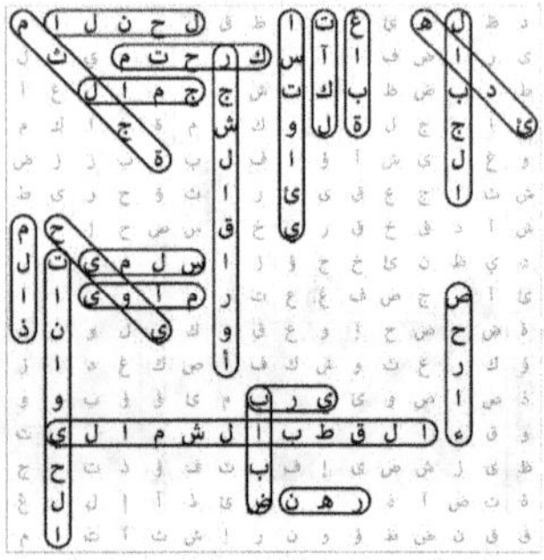

# 68 - Urlaub #2

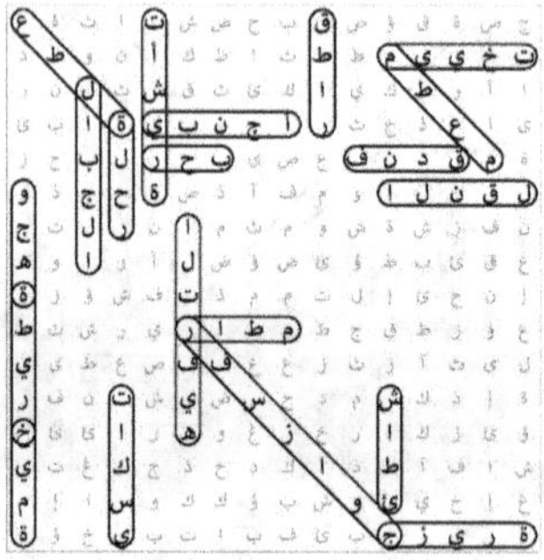

# 69 - Barbecues

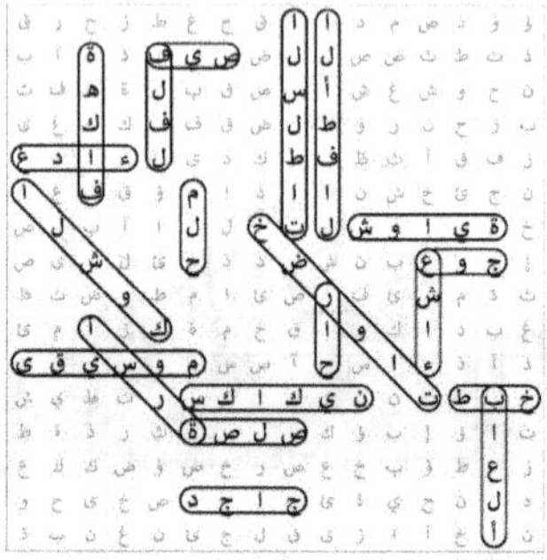

# 70 - Küche

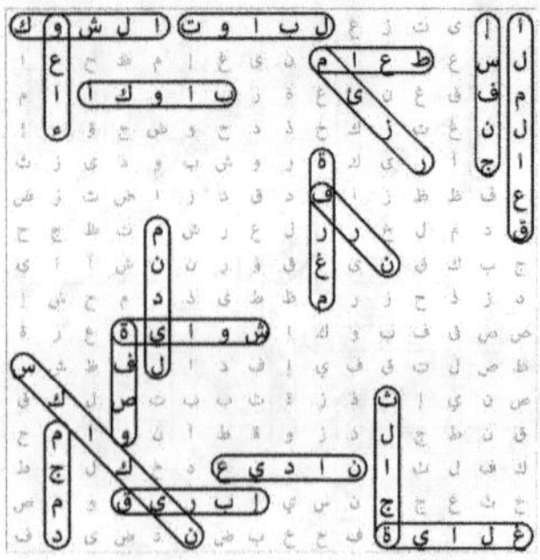

# 71 - Schach

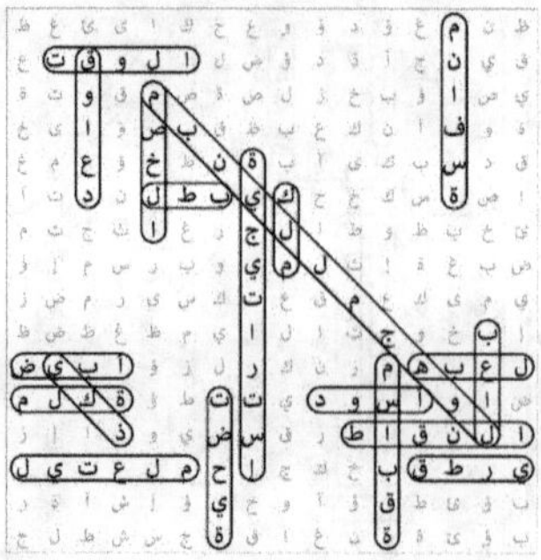

# 72 - Geographie

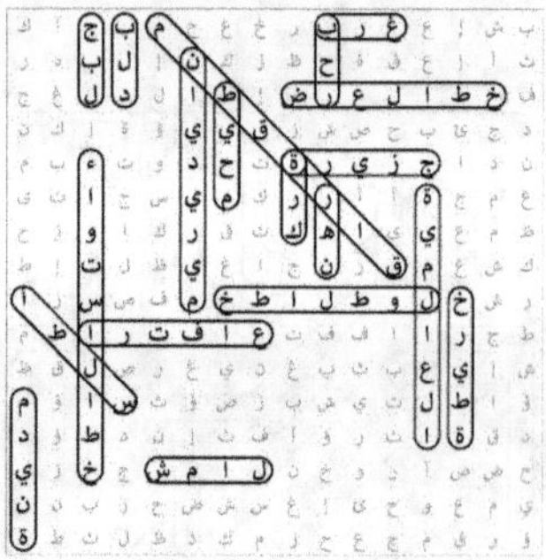

## 73 - Zahlen

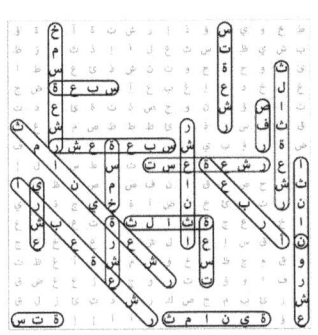

## 74 - Tage und Monate

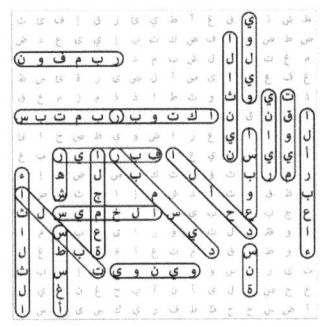

## 75 - Zu Füllen

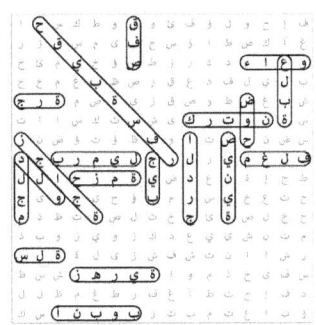

## 76 - Das Unternehmen

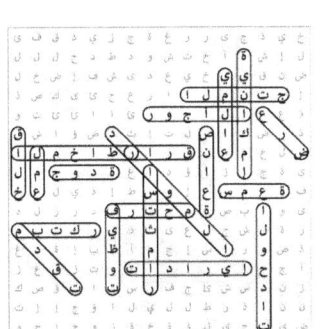

## 77 - Kräuterkunde

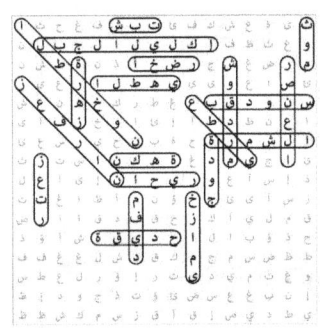

## 78 - Aktivitäten und Freizeit

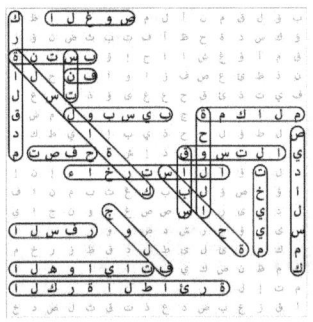

## 79 - Formen

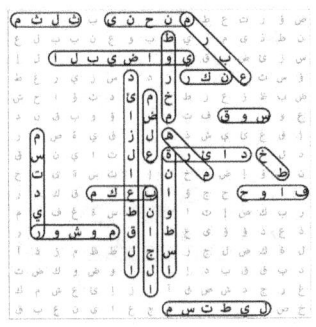

## 80 - Musik

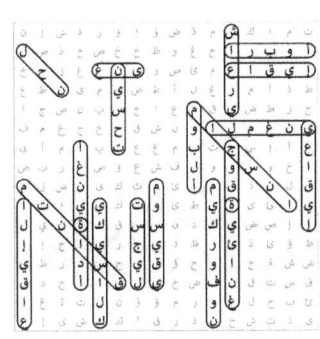

## 81 - Antiquitäten

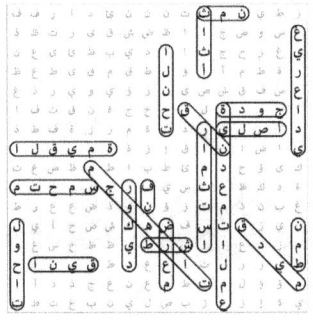

## 82 - Adjektive #2

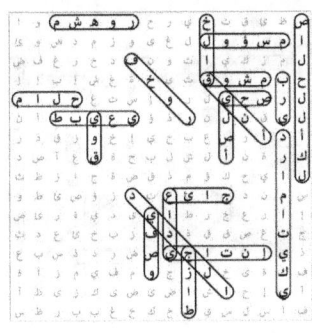

## 83 - Kleidung

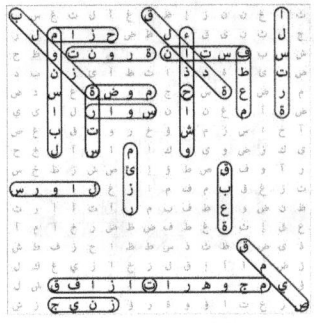

## 84 - Farben

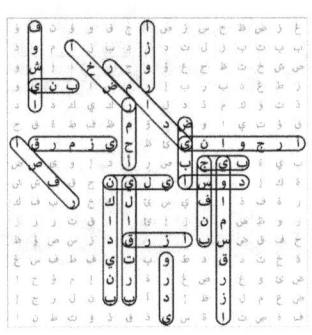

## 85 - Haus

## 86 - Bauernhof #1

## 87 - Regierung

## 88 - Berufe #1

## 89 - Adjektive #1

## 90 - Geometrie

## 91 - Jazz

## 92 - Mathematik

## 93 - Messungen

## 94 - Boxen

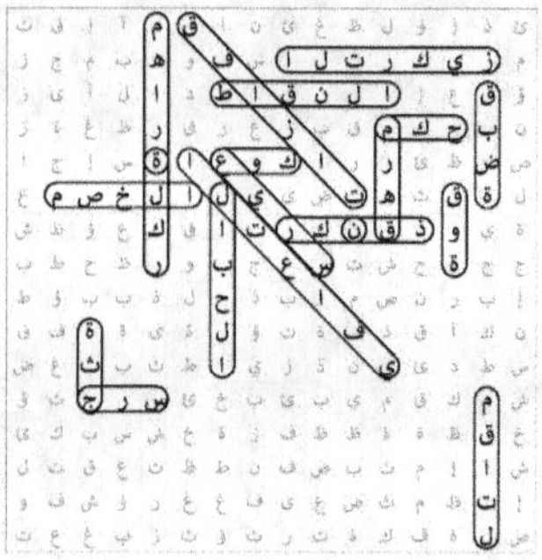

## 95 - Psychologie

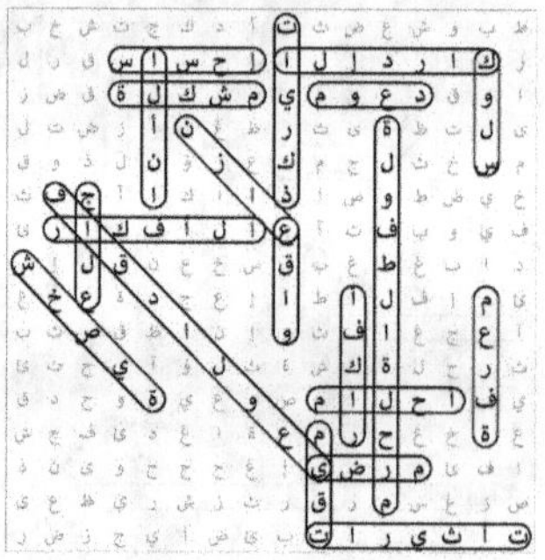

## 96 - Bauernhof #2

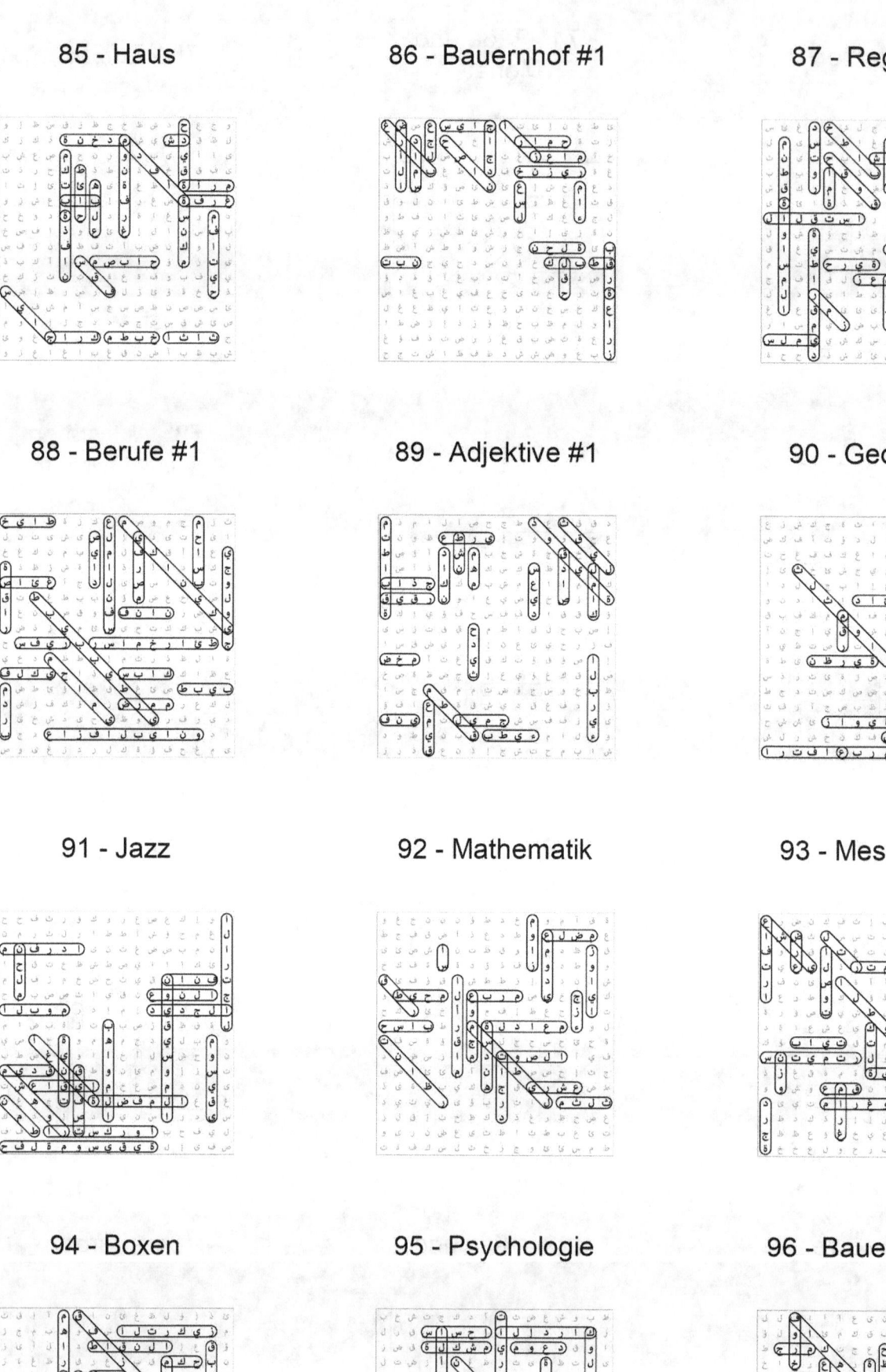

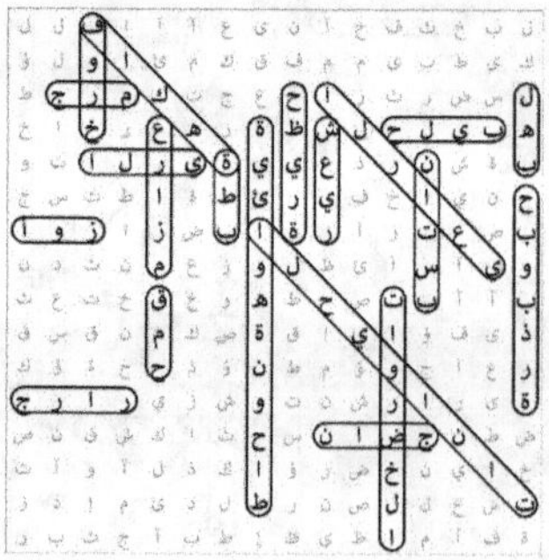

## 97 - Gartenarbeit

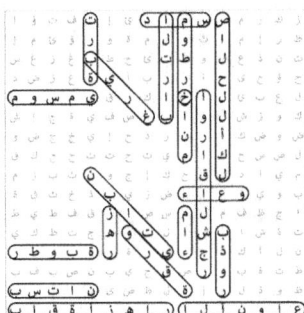

## 98 - Berufe #2

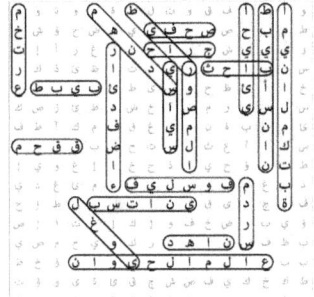

## 99 - Wetter

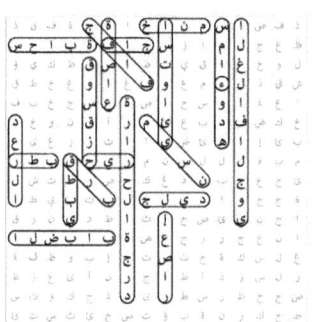

## 100 - Chemie

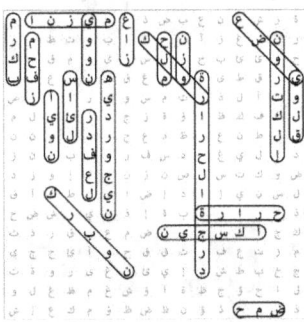

# Wörterbuch

### *Abenteuer*
مغامرة

| | |
|---|---|
| **Aktivität** | نشاط |
| **Ausflug** | انحراف |
| **Begeisterung** | حماس |
| **Chance** | فرصة |
| **Freude** | مرح |
| **Freunde** | اصحاب |
| **Gefährlich** | خطير |
| **Natur** | طبيعة |
| **Navigation** | الملاحة |
| **Neu** | الجديد |
| **Reisen** | السفر |
| **Route** | مسار الرحلة |
| **Schönheit** | جمال |
| **Schwierigkeit** | صعوبة |
| **Sicherheit** | أمن |
| **Tapferkeit** | شجاعة |
| **Ungewöhnlich** | غير عادي |
| **Überraschend** | مفاجأة |
| **Vorbereitung** | تحضير |
| **Ziel** | وجهة |

### *Adjektive #1*
الصفات #1

| | |
|---|---|
| **Absolut** | مطلق |
| **Aktiv** | نشط |
| **Aromatisch** | عطري |
| **Attraktiv** | جذاب |
| **Dunkel** | داكن |
| **Dünn** | رقيق |
| **Ehrlich** | صادق |
| **Glücklich** | سعيد |
| **Identisch** | متطابقة |
| **Künstlerisch** | فني |
| **Langsam** | بطيء |
| **Modern** | حديث |
| **Perfekt** | كامل |
| **Riesig** | ضخم |
| **Schön** | جميل |
| **Schwer** | ثقيل |
| **Tief** | عميق |
| **Unschuldig** | البريء |
| **Wertvoll** | ذو قيمة |
| **Wichtig** | مهم |

### *Adjektive #2*
الصفات #2

| | |
|---|---|
| **Authentisch** | أصلي |
| **Berühmt** | مشهور |
| **Beschreibend** | وصفي |
| **Dramatisch** | دراماتيكي |
| **Elegant** | أنيق |
| **Essbar** | صالح للأكل |
| **Frisch** | طازج |
| **Gesund** | صحي |
| **Hungrig** | جائع |
| **Interessant** | مشوق |
| **Kreativ** | خلاق |
| **Natürlich** | طبيعي |
| **Neu** | الجديد |
| **Normal** | عادي |
| **Produktiv** | إنتاجي |
| **Salzig** | مالح |
| **Stark** | قوي |
| **Stolz** | فخور |
| **Verantwortlich** | مسؤول |
| **Wild** | بري |

### *Agronomie*
الهندسة الزراعية

| | |
|---|---|
| **Boden** | تربة |
| **Dünger** | سماد |
| **Energie** | طاقة |
| **Erosion** | تآكل |
| **Gemüse** | خضروات |
| **Krankheit** | الأمراض |
| **Landwirtschaft** | زراعة |
| **Ländlich** | ريفي |
| **Nachhaltig** | مستدام |
| **Organisch** | عضوي |
| **Ökologie** | علم البيئة |
| **Pflanzen** | نباتات |
| **Produktion** | إنتاج |
| **Studie** | دراسة |
| **Systeme** | الأنظمة |
| **Umwelt** | بيئة |
| **Verschmutzung** | التلوث |
| **Wachstum** | نمو |
| **Wasser** | ماء |
| **Wissenschaft** | علم |

### *Aktivitäten*
الأنشطة

| | |
|---|---|
| **Aktivität** | نشاط |
| **Angeln** | صيد السمك |
| **Camping** | تخييم |
| **Entspannung** | استرخاء |
| **Fähigkeit** | مهارة |
| **Fotografie** | تصوير |
| **Freizeit** | الترفيه |
| **Gartenarbeit** | بستنة |
| **Gemälde** | اللوحة |
| **Interessen** | المصالح |
| **Jagd** | الصيد |
| **Kunst** | فن |
| **Kunsthandwerk** | الحرف |
| **Lesen** | قراءة |
| **Magie** | سحر |
| **Nähen** | خياطة |
| **Spiele** | ألعاب |
| **Stricken** | الحياكة |
| **Tanzen** | الرقص |
| **Vergnügen** | متعة |

### *Aktivitäten und Freizeit*
الأنشطة والترفيه

| | |
|---|---|
| **Angeln** | صيد السمك |
| **Baseball** | بيسبول |
| **Basketball** | كرة السلة |
| **Boxen** | الملاكمة |
| **Camping** | تخييم |
| **Einkaufen** | التسوق |
| **Entspannend** | الاسترخاء |
| **Fussball** | كرة القدم |
| **Gartenarbeit** | بستنة |
| **Gemälde** | اللوحة |
| **Golf** | جولف |
| **Hobbies** | الهوايات |
| **Kunst** | فن |
| **Reise** | السفر |
| **Rennen** | سباق |
| **Schwimmen** | سباحة |
| **Surfen** | تصفح |
| **Tauchen** | الغوص |
| **Tennis** | تنس |
| **Volleyball** | الكرة الطائرة |

## *Algebra*
الجبر

| | |
|---|---|
| **Bruchteil** | جزء |
| **Diagramm** | رسم بياني |
| **Exponent** | أس |
| **Faktor** | عامل |
| **Falsch** | خطأ |
| **Gleichung** | معادلة |
| **Graph** | الرسم البياني |
| **Klammern** | قوس |
| **Linear** | خطي |
| **Lösung** | حل |
| **Matrix** | مصفوفة |
| **Menge** | كمية |
| **Null** | صفر |
| **Nummer** | رقم |
| **Problem** | مشكلة |
| **Subtraktion** | الطرح |
| **Summe** | مجموع |
| **Unendlich** | لانهائي |
| **Variable** | متغير |
| **Vereinfachen** | تبسيط |

## *Antarktis*
القارة القطبية الجنوبية

| | |
|---|---|
| **Bucht** | كوف |
| **Eis** | جليد |
| **Erhaltung** | الحفظ |
| **Expedition** | البعثة |
| **Felsig** | صخري |
| **Forscher** | باحث |
| **Geographie** | جغرافية |
| **Halbinsel** | شبه جزيرة |
| **Inseln** | الجزر |
| **Kontinent** | قارة |
| **Migration** | هجرة |
| **Mineralien** | المعادن |
| **Temperatur** | درجة الحرارة |
| **Topographie** | طبوغرافيا |
| **Umwelt** | بيئة |
| **Vögel** | الطيور |
| **Wasser** | ماء |
| **Wetter** | طقس |
| **Wind** | رياح |
| **Wissenschaftlich** | علمي |

## *Antiquitäten*
التحف

| | |
|---|---|
| **Alt** | قديم |
| **Authentisch** | أصلي |
| **Dekorativ** | ديكور |
| **Elegant** | أنيق |
| **Enthusiast** | متحمس |
| **Galerie** | معرض |
| **Gemälde** | لوحات |
| **Investition** | استثمار |
| **Jahrhundert** | قرن |
| **Kunst** | فن |
| **Möbel** | أثاث |
| **Münzen** | عملات معدنية |
| **Preis** | ثمن |
| **Qualität** | جودة |
| **Schmuck** | مجوهرات |
| **Skulptur** | النحت |
| **Stil** | نمط |
| **Ungewöhnlich** | غير عادي |
| **Wert** | القيمة |
| **Zustand** | شرط |

## *Archäologie*
علم الآثار

| | |
|---|---|
| **Analyse** | تحليل |
| **Auswertung** | تقييم |
| **Ära** | عصر |
| **Experte** | خبير |
| **Forscher** | باحث |
| **Fossil** | حفرية |
| **Geheimnis** | لغز |
| **Grab** | قبر |
| **Knochen** | عظام |
| **Mannschaft** | فريق |
| **Nachkomme** | سليل |
| **Objekte** | الكائنات |
| **Professor** | أستاذ |
| **Relikt** | بقايا |
| **Tempel** | معبد |
| **Unbekannt** | غير معروف |
| **Uralt** | قديم |
| **Vergessen** | منسي |
| **Zivilisation** | الحضارة |

## *Astronomie*
علم الفلك

| | |
|---|---|
| **Asteroid** | الكويكب |
| **Astronaut** | رائد فضاء |
| **Astronom** | فلكي |
| **Erde** | أرض |
| **Himmel** | سماء |
| **Komet** | مذنب |
| **Konstellation** | كوكبة |
| **Kosmos** | عالم |
| **Meteor** | نيزك |
| **Mond** | قمر |
| **Nebel** | سديم |
| **Observatorium** | مرصد |
| **Planet** | كوكب |
| **Rakete** | صاروخ |
| **Sonne** | شمس |
| **Stern** | نجم |
| **Supernova** | سوبرنوفا |
| **Teleskop** | مقراب |
| **Tierkreis** | البروج |
| **Universum** | كون |

## *Barbecues*
حفلات الشواء

| | |
|---|---|
| **Abendessen** | عشاء |
| **Familie** | أسرة |
| **Frucht** | فاكهة |
| **Gabeln** | الشوك |
| **Gemüse** | خضروات |
| **Grill** | شواية |
| **Heiss** | حار |
| **Huhn** | دجاج |
| **Hunger** | جوع |
| **Kinder** | الأطفال |
| **Kochen** | طبخ |
| **Messer** | سكاكين |
| **Mittagessen** | غداء |
| **Musik** | موسيقى |
| **Pfeffer** | فلفل |
| **Salate** | السلطات |
| **Salz** | ملح |
| **Sommer** | صيف |
| **Sosse** | صلصة |
| **Spiele** | ألعاب |

## *Bauernhof #1*
## مزرعة #1

| | |
|---|---|
| **Biene** | نحلة |
| **Dünger** | سماد |
| **Esel** | حمار |
| **Feld** | حقل |
| **Heu** | تبن |
| **Honig** | عسل |
| **Huhn** | دجاج |
| **Hund** | كلب |
| **Kalb** | عجل |
| **Katze** | قط |
| **Krähe** | غراب |
| **Kuh** | بقرة |
| **Land** | الأرض |
| **Landwirtschaft** | زراعة |
| **Pferd** | حصان |
| **Reis** | أرز |
| **Schwein** | خنزير |
| **Wasser** | ماء |
| **Zaun** | سياج |
| **Ziege** | ماعز |

## *Bauernhof #2*
## مزرعة #2

| | |
|---|---|
| **Bauer** | مزارع |
| **Bewässerung** | الري |
| **Ente** | بطة |
| **Frucht** | فاكهة |
| **Gänse** | أوز |
| **Gemüse** | الخضروات |
| **Gerste** | شعير |
| **Lama** | لهب |
| **Mais** | حبوب ذرة |
| **Milch** | حليب |
| **Obstgarten** | بستان |
| **Reif** | ناضج |
| **Schaf** | خروف |
| **Schäfer** | الراعي |
| **Scheune** | حظيرة |
| **Tiere** | الحيوانات |
| **Traktor** | جرار |
| **Weizen** | قمح |
| **Wiese** | مرج |
| **Windmühle** | طاحونة هوائية |

## *Berufe #1*
## المهن #1

| | |
|---|---|
| **Arzt** | طبيب |
| **Astronom** | فلكي |
| **Bankier** | مصرفي |
| **Botschafter** | سفير |
| **Buchhalter** | محاسب |
| **Geologe** | جيولوجي |
| **Jäger** | صياد |
| **Juwelier** | صائغ |
| **Kartograph** | رسام خرائط |
| **Klempner** | سباك |
| **Krankenschwester** | ممرض |
| **Künstler** | فنان |
| **Mechaniker** | ميكانيكي |
| **Pianist** | عازف البيانو |
| **Psychologe** | علم النفس |
| **Rechtsanwalt** | محامي |
| **Schneider** | خياط |
| **Tänzer** | راقصة |
| **Tierarzt** | طبيب بيطري |
| **Trainer** | مدرب |

## *Berufe #2*
## المهن #2

| | |
|---|---|
| **Arzt** | طبيب |
| **Astronaut** | رائد فضاء |
| **Bibliothekar** | أمين المكتبة |
| **Biologe** | أحيائي |
| **Chirurg** | جراح |
| **Detektiv** | محقق |
| **Erfinder** | مخترع |
| **Forscher** | باحث |
| **Gärtner** | بستاني |
| **Illustrator** | المصور |
| **Ingenieur** | مهندس |
| **Journalist** | صحفي |
| **Lehrer** | مدرس |
| **Linguist** | لغوي |
| **Maler** | دهان |
| **Philosoph** | فيلسوف |
| **Pilot** | طيار |
| **Politiker** | سياسي |
| **Zahnarzt** | طبيب أسنان |
| **Zoologe** | عالم الحيوان |

## *Bienen*
## النحل

| | |
|---|---|
| **Bestäuber** | الملقحات |
| **Bienenkorb** | خلية |
| **Blumen** | الزهور |
| **Blüte** | زهر |
| **Flügel** | أجنحة |
| **Frucht** | فاكهة |
| **Garten** | حديقة |
| **Honig** | عسل |
| **Insekt** | حشرة |
| **Königin** | ملكة |
| **Lebensraum** | الموئل |
| **Ökosystem** | النظام البيئي |
| **Pflanzen** | نباتات |
| **Pollen** | لقاح |
| **Rauch** | دخان |
| **Schwarm** | سرب |
| **Sonne** | شمس |
| **Vielfalt** | تنوع |
| **Vorteilhaft** | مفيد |
| **Wachs** | شمع |

## *Biologie*
## علم الأحياء

| | |
|---|---|
| **Anatomie** | تشريح |
| **Chromosom** | كروموسوم |
| **Embryo** | جنين |
| **Enzym** | انزيم |
| **Evolution** | تطور |
| **Hormon** | هرمون |
| **Kern** | نواة |
| **Kollagen** | الكولاجين |
| **Mutation** | طفرة |
| **Natürlich** | طبيعي |
| **Nerv** | عصب |
| **Neuron** | عصبون |
| **Osmose** | تناضح |
| **Pflanzen** | نباتات |
| **Protein** | بروتين |
| **Reptil** | الزواحف |
| **Säugetier** | الثدييات |
| **Symbiose** | تكافل |
| **Synapse** | المشبك |
| **Zelle** | خلية |

## Blumen
زهور

| | |
|---|---|
| Blütenblatt | البتلة |
| Gardenie | جاردينيا |
| Gänseblümchen | ديزي |
| Hibiskus | الكركديه |
| Jasmin | ياسمين |
| Klee | نفل |
| Lavendel | خزامى |
| Lila | أرجواني |
| Lilie | زنبق |
| Löwenzahn | الهندباء |
| Magnolie | ماغنوليا |
| Mohn | الخشخاش |
| Orchidee | السحلب |
| Passionsblume | زهرة العاطفة |
| Pfingstrose | الفاوانيا |
| Plumeria | بلوميريا |
| Rose | وردة |
| Sonnenblume | عباد الشمس |
| Strauss | باقة أزهار |
| Tulpe | توليب |

## Boote
القوارب

| | |
|---|---|
| Anker | مرساة |
| Boje | عوامة |
| Crew | طاقم |
| Dock | رصيف |
| Fähre | العبارة |
| Floss | طوف |
| Fluss | نهر |
| Kajak | كاياك |
| Kanu | الزورق |
| Mast | سارية |
| Meer | بحر |
| Motor | محرك |
| Nautisch | بحري |
| Ozean | محيط |
| Rettungsboot | قارب نجاة |
| See | بحيرة |
| Segelboot | مركب شراعي |
| Seil | حبل |
| Wellen | أمواج |
| Yacht | يخت |

## Boxen
ملاكمة

| | |
|---|---|
| Ecke | ركن |
| Ellbogen | كوع |
| Erschöpft | مرهق |
| Faust | قبضة |
| Fähigkeit | مهارة |
| Fokus | التركيز |
| Gegner | الخصم |
| Glocke | جرس |
| Handschuhe | قفازات |
| Kämpfer | مقاتل |
| Kick | ركلة |
| Kinn | ذقن |
| Körper | جثة |
| Punkte | النقاط |
| Recovery | التعافي |
| Schiedsrichter | حكم |
| Schnell | سريع |
| Seile | الحبال |
| Stärke | قوة |

## Bücher
كتب

| | |
|---|---|
| Abenteuer | مغامرة |
| Autor | مؤلف |
| Dualität | الازدواجية |
| Episch | ملحمة |
| Erfinderisch | مبدع |
| Erzähler | الراوي |
| Gedicht | قصيدة |
| Geschichte | قصة |
| Geschrieben | مكتوب |
| Historisch | تاريخي |
| Humorvoll | روح الدعابة |
| Kollektion | مجموعة |
| Kontext | سياق الكلام |
| Leser | قارئ |
| Literarisch | أدبي |
| Poesie | شعر |
| Roman | رواية |
| Seite | صفحة |
| Serie | سلسلة |
| Tragisch | مأساوي |

## Camping
عسكرة

| | |
|---|---|
| Abenteuer | مغامرة |
| Berg | جبل |
| Feuer | نار |
| Hängematte | أرجوحة |
| Hut | قبعة |
| Insekt | حشرة |
| Jagd | الصيد |
| Kabine | المقصورة |
| Kanu | الزورق |
| Karte | خريطة |
| Kompass | بوصلة |
| Laterne | فانوس |
| Mond | قمر |
| Natur | طبيعة |
| See | بحيرة |
| Seil | حبل |
| Spass | مرح |
| Tiere | الحيوانات |
| Wald | غابة |
| Zelt | خيمة |

## Chemie
كيمياء

| | |
|---|---|
| Alkalisch | قلوي |
| Chlor | كلور |
| Elektron | إلكترون |
| Enzym | انزيم |
| Flüssigkeit | سائل |
| Gas | غاز |
| Gewicht | وزن |
| Hitze | حرارة |
| Ion | أيون |
| Katalysator | محفز |
| Kohlenstoff | كربون |
| Molekül | مركب |
| Nuklear | نووي |
| Organisch | عضوي |
| Reaktion | رد فعل |
| Salz | ملح |
| Sauerstoff | أكسجين |
| Säure | حمض |
| Temperatur | درجة الحرارة |
| Wasserstoff | هيدروجين |

## Das Unternehmen
### الشركة

| Beschäftigung | توظيف |
|---|---|
| Einheiten | الوحدات |
| Einnahmen | إيرادات |
| Entscheidung | قرار |
| Fortschritt | تقدم |
| Geschäft | عمل |
| Global | عالمي |
| Industrie | صناعة |
| Innovativ | مبتكر |
| Investition | استثمار |
| Kreativ | خلاق |
| Löhne | الأجور |
| Möglichkeit | إمكانية |
| Präsentation | عرض |
| Produkt | المنتج |
| Professionell | محترف |
| Qualität | جودة |
| Ressourcen | الموارد |
| Risiken | المخاطر |
| Ruf | سمعة |

## Diplomatie
### الدبلوماسية

| Ausländisch | أجنبي |
|---|---|
| Berater | مستشار |
| Botschaft | السفارة |
| Botschafter | سفير |
| Bürger | المواطنون |
| Diplomatisch | دبلوماسي |
| Diskussion | نقاش |
| Ethik | أخلاق |
| Gemeinschaft | ملة |
| Gerechtigkeit | عدالة |
| Humanität | إنساني |
| Integrität | النزاهة |
| Konflikt | نزاع |
| Lösung | حل |
| Politik | سياسة |
| Regierung | حكومة |
| Sicherheit | أمن |
| Sprachen | اللغات |
| Vertrag | معاهدة |
| Zusammenarbeit | تعاون |

## Energie
### الطاقة

| Batterie | البطارية |
|---|---|
| Benzin | بنزين |
| Brennstoff | وقود |
| Diesel | ديزل |
| Elektrisch | كهربائي |
| Elektron | الكترون |
| Entropie | غير قادر على |
| Erneuerbar | قابل للتجديد |
| Hitze | حرارة |
| Industrie | صناعة |
| Kohlenstoff | كربون |
| Motor | محرك |
| Nuklear | نووي |
| Photon | فوتون |
| Sonne | شمس |
| Turbine | التوربينات |
| Umwelt | بيئة |
| Verschmutzung | التلوث |
| Wasserstoff | هيدروجين |
| Wind | ريح |

## Ernährung
### التغذية

| Appetit | شهية |
|---|---|
| Ausgewogen | متوازن |
| Bitter | مر |
| Diät | حمية |
| Essbar | صالح للأكل |
| Fermentation | تخمير |
| Geschmack | نكهة |
| Gesund | صحي |
| Gesundheit | الصحة |
| Getreide | الحبوب |
| Gewicht | وزن |
| Kohlenhydrate | الكربوهيدرات |
| Nährstoff | المغذي |
| Portion | جزء |
| Proteine | البروتينات |
| Qualität | جودة |
| Sosse | صلصة |
| Toxin | سم |
| Verdauung | هضم |
| Vitamin | فيتامين |

## Essen #1
### الغذاء #1

| Basilikum | ريحان |
|---|---|
| Birne | كمثرى |
| Erdbeere | فراولة |
| Fleisch | لحم |
| Gerste | شعير |
| Kaffee | قهوة |
| Karotte | جزر |
| Knoblauch | ثوم |
| Milch | حليب |
| Rübe | لفت |
| Saft | عصير |
| Salat | سلطة |
| Salz | ملح |
| Spinat | سبانخ |
| Suppe | حساء |
| Thunfisch | تونة |
| Zimt | قرفة |
| Zitrone | ليمون |
| Zucker | السكر |
| Zwiebel | بصل |

## Essen #2
### الغذاء #2

| Apfel | تفاح |
|---|---|
| Artischocke | خرشوف |
| Aubergine | باذنجان |
| Banane | موز |
| Brokkoli | بروكلي |
| Brot | خبز |
| Ei | بيضة |
| Fisch | سمك |
| Joghurt | زبادي |
| Käse | جبن |
| Kirsche | كرز |
| Mandel | لوز |
| Pilz | فطر |
| Reis | أرز |
| Schinken | لحم الخنزير |
| Schokolade | شوكولاتة |
| Sellerie | كرفس |
| Spargel | هليون |
| Tomate | طماطم |
| Weizen | قمح |

## *Ethik*
## الأخلاق

| | |
|---|---|
| **Altruismus** | إيثار |
| **Diplomatisch** | دبلوماسي |
| **Ehrlichkeit** | الصدق |
| **Freundlichkeit** | اللطف |
| **Geduld** | صبر |
| **Individualismus** | الفردية |
| **Integrität** | النزاهة |
| **Menschheit** | إنسانية |
| **Mitgefühl** | تعاطف |
| **Optimismus** | تفاؤل |
| **Philosophie** | فلسفة |
| **Rationalität** | العقلانية |
| **Realismus** | الواقعية |
| **Respektvoll** | محترم |
| **Toleranz** | التسامح |
| **Vernünftig** | معقول |
| **Weisheit** | حكمة |
| **Werte** | القيم |
| **Würde** | كرامة |
| **Zusammenarbeit** | تعاون |

## *Fahren*
## القيادة

| | |
|---|---|
| **Auto** | سيارة |
| **Bremsen** | فرامل |
| **Brennstoff** | وقود |
| **Bus** | حافلة |
| **Garage** | جراج |
| **Gas** | غاز |
| **Gefahr** | خطر |
| **Geschwindigkeit** | سرعة |
| **Karte** | خريطة |
| **Lizenz** | رخصة |
| **Lkw** | شاحنة |
| **Motor** | محرك |
| **Motorrad** | دراجة نارية |
| **Polizei** | شرطة |
| **Sicherheit** | أمن |
| **Transport** | النقل |
| **Tunnel** | نفق |
| **Unfall** | حادث |
| **Verkehr** | حركة المرور |
| **Vorsicht** | الحذر |

## *Fahrzeuge*
## المركبات

| | |
|---|---|
| **Auto** | سيارة |
| **Boot** | قارب |
| **Bus** | حافلة |
| **Fahrrad** | دراجة |
| **Fähre** | العبارة |
| **Floss** | طوف |
| **Flugzeug** | طائرة |
| **Hubschrauber** | هليكوبتر |
| **Krankenwagen** | سيارة إسعاف |
| **Lkw** | شاحنة |
| **Motor** | محرك |
| **Rakete** | صاروخ |
| **Reifen** | الإطارات |
| **Roller** | سكوتر |
| **Taxi** | تاكسي |
| **Traktor** | جرار |
| **U-Bahn** | مترو |
| **U-Boot** | غواصة |
| **Wohnwagen** | قافلة |
| **Zug** | قطار |

## *Familie*
## عائلة

| | |
|---|---|
| **Bruder** | شقيق |
| **Ehefrau** | زوجة |
| **Ehemann** | الزوج |
| **Enkel** | حفيد |
| **Grossmutter** | جدة |
| **Grossvater** | جد |
| **Kind** | طفل |
| **Kinder** | الأطفال |
| **Kindheit** | مرحلة الطفولة |
| **Mutter** | أم |
| **Mütterlich** | الأم |
| **Neffe** | ابن أخ |
| **Onkel** | العم |
| **Schwester** | أخت |
| **Tante** | عمة |
| **Tochter** | ابنة |
| **Vater** | أب |
| **Väterlich** | الأب |
| **Vetter** | ابن عم |
| **Vorfahr** | سلف |

## *Farben*
## الألوان

| | |
|---|---|
| **Azurblau** | أزور |
| **Beige** | بيج |
| **Blau** | أزرق |
| **Braun** | بني |
| **Fuchsie** | فوشيا |
| **Gelb** | أصفر |
| **Grau** | رمادي |
| **Grün** | أخضر |
| **Indigo** | نيلي |
| **Lila** | أرجواني |
| **Orange** | برتقالي |
| **Purpur** | قرمزي |
| **Rosa** | وردي |
| **Rot** | أحمر |
| **Schwarz** | أسود |
| **Sepia** | بني داكن |
| **Violett** | بنفسج |
| **Weiss** | أبيض |
| **Zyan** | أزرق سماوي |

## *Flugzeuge*
## الطائرات

| | |
|---|---|
| **Abenteuer** | مغامرة |
| **Abstieg** | اصل |
| **Atmosphäre** | الغلاف الجوي |
| **Ballon** | بالون |
| **Brennstoff** | وقود |
| **Crew** | طاقم |
| **Design** | التصميم |
| **Geschichte** | التاريخ |
| **Himmel** | سماء |
| **Höhe** | ارتفاع |
| **Konstruktion** | بناء |
| **Luft** | هواء |
| **Motor** | محرك |
| **Navigieren** | التنقل |
| **Passagier** | راكب |
| **Pilot** | طيار |
| **Propeller** | مراوح |
| **Turbulenz** | اضطراب |
| **Wasserstoff** | هيدروجين |
| **Wetter** | طقس |

## Formen
الأشكال

| | |
|---|---|
| **Bogen** | سوق |
| **Dreieck** | مثلث |
| **Ecke** | ركن |
| **Hyperbel** | القطع الزائد |
| **Kanten** | حواف |
| **Kegel** | مخروط |
| **Kreis** | دائرة |
| **Kurve** | منحنى |
| **Linie** | خط |
| **Oval** | البيضاوي |
| **Polygon** | مضلع |
| **Prisma** | موشور |
| **Pyramide** | هرم |
| **Quadrat** | مربع |
| **Rechteck** | مستطيل |
| **Rund** | مستدير |
| **Seite** | الجانب |
| **Würfel** | مكعب |
| **Zylinder** | اسطوانة |

## Garten
حديقة

| | |
|---|---|
| **Bank** | مقعد |
| **Baum** | شجرة |
| **Blume** | زهرة |
| **Boden** | تربة |
| **Busch** | بوش |
| **Garage** | كراج |
| **Garten** | حديقة |
| **Gras** | عشب |
| **Hängematte** | أرجوحة |
| **Obstgarten** | بستان |
| **Rechen** | أشعل النار |
| **Schaufel** | مجرفة |
| **Schlauch** | خرطوم |
| **Teich** | بركة |
| **Terrasse** | مصطبة |
| **Trampolin** | الترامبولين |
| **Unkraut** | الأعشاب |
| **Veranda** | رواق |
| **Zaun** | جاير |

## Gartenarbeit
البستنة

| | |
|---|---|
| **Art** | الأنواع |
| **Blatt** | ورقة |
| **Blüte** | زهر |
| **Boden** | تربة |
| **Botanisch** | نباتي |
| **Container** | وعاء |
| **Essbar** | صالح للأكل |
| **Exotisch** | غريب |
| **Feuchtigkeit** | رطوبة |
| **Klima** | مناخ |
| **Kompost** | سماد |
| **Laub** | أوراق الشجر |
| **Obstgarten** | بستان |
| **Saat** | بذور |
| **Saisonal** | موسمي |
| **Schlauch** | خرطوم |
| **Schmutz** | الاتراب |
| **Strauss** | باقة أزهار |
| **Wasser** | ماء |

## Gebäude
المباني

| | |
|---|---|
| **Bauernhof** | مزرعة |
| **Botschaft** | السفارة |
| **Fabrik** | مصنع |
| **Garage** | كراج |
| **Herberge** | نزل |
| **Hotel** | فندق |
| **Kabine** | المقصورة |
| **Kino** | سينما |
| **Krankenhaus** | مستشفى |
| **Labor** | مختبر |
| **Museum** | متحف |
| **Observatorium** | مرصد |
| **Scheune** | حظيرة |
| **Schule** | مدرسة |
| **Stadion** | ملعب |
| **Supermarkt** | سوبر ماركت |
| **Theater** | مسرح |
| **Turm** | برج |
| **Universität** | جامعة |
| **Zelt** | خيمة |

## Gemüse
خضراوات

| | |
|---|---|
| **Artischocke** | خرشوف |
| **Aubergine** | باذنجان |
| **Blumenkohl** | قرنبيط |
| **Brokkoli** | بروكلي |
| **Erbse** | بازلاء |
| **Gurke** | خيار |
| **Ingwer** | زنجبيل |
| **Karotte** | جزر |
| **Kartoffel** | البطاطس |
| **Knoblauch** | ثوم |
| **Kürbis** | يقطين |
| **Olive** | زيتون |
| **Petersilie** | بقدونس |
| **Pilz** | فطر |
| **Rübe** | لفت |
| **Salat** | سلطة |
| **Sellerie** | كرفس |
| **Spinat** | سبانخ |
| **Tomate** | طماطم |
| **Zwiebel** | بصل |

## Geographie
الجغرافيا

| | |
|---|---|
| **Atlas** | أطلس |
| **Äquator** | خط الاستواع |
| **Berg** | جبل |
| **Breite** | خط العرض |
| **Fluss** | نهر |
| **Globus** | كرة |
| **Höhe** | ارتفاع |
| **Insel** | جزيرة |
| **Karte** | خريطة |
| **Kontinent** | قارة |
| **Land** | بلد |
| **Längengrad** | خط الطول |
| **Meer** | بحر |
| **Meridian** | ميريديان |
| **Norden** | شمال |
| **Ozean** | محيط |
| **Region** | منطقة |
| **Stadt** | مدينة |
| **Welt** | العالمية |
| **West** | غرب |

## *Geologie*
## جيولوجيا

| | |
|---|---|
| **Erdbeben** | زلزال |
| **Erosion** | تآكل |
| **Fossil** | حفرية |
| **Geschmolzen** | مولتن |
| **Geysir** | سخان |
| **Höhle** | كهف |
| **Kalzium** | الكالسيوم |
| **Kontinent** | قارة |
| **Koralle** | المرجان |
| **Lava** | الحمم |
| **Mineralien** | المعادن |
| **Plateau** | هضبة |
| **Quarz** | ورم |
| **Salz** | ملح |
| **Säure** | حمض |
| **Stalagmiten** | الصواعد |
| **Stein** | حجر |
| **Vulkan** | بركان |
| **Zone** | منطقة |
| **Zyklen** | دورات |

## *Geometrie*
## الهندسة

| | |
|---|---|
| **Anteil** | نسبة |
| **Berechnung** | حساب |
| **Dimension** | البعد |
| **Dreieck** | مثلث |
| **Durchmesser** | قطر |
| **Gleichung** | معادلة |
| **Horizontal** | أفقي |
| **Höhe** | ارتفاع |
| **Kreis** | دائرة |
| **Kurve** | منحنى |
| **Logik** | منطق |
| **Masse** | كتلة |
| **Nummer** | رقم |
| **Oberfläche** | سطح |
| **Parallel** | زاوز |
| **Quadrat** | مربع |
| **Segment** | قطعة |
| **Symmetrie** | تناظر |
| **Theorie** | نظرية |
| **Winkel** | زاوية |

## *Geschäft*
## الأعمال

| | |
|---|---|
| **Arbeitgeber** | صاحب العمل |
| **Budget** | ميزانية |
| **Büro** | مكتب |
| **Einkommen** | الإيرادات |
| **Fabrik** | مصنع |
| **Geld** | مال |
| **Geschäft** | متجر |
| **Gewinn** | ربح |
| **Investition** | استثمار |
| **Karriere** | مهنة |
| **Kosten** | التكلفة |
| **Manager** | مدير |
| **Mitarbeiter** | فظوم |
| **Rabatt** | خصم |
| **Steuern** | الضرائب |
| **Transaktion** | عملية تجارية |
| **Verkauf** | بيع |
| **Ware** | بضائع |
| **Währung** | عملة |
| **Wirtschaft** | الاقتصاد |

## *Gesundheit und Wellness #1*
## الصحة والعافية #1

| | |
|---|---|
| **Aktiv** | نشط |
| **Apotheke** | صيدلية |
| **Arzt** | طبيب |
| **Bakterien** | بكتيريا |
| **Behandlung** | العلاج |
| **Entspannung** | استرخاء |
| **Fraktur** | كسر |
| **Gewohnheit** | عادة |
| **Haut** | جلد |
| **Höhe** | ارتفاع |
| **Hunger** | جوع |
| **Klinik** | عيادة |
| **Knochen** | عظام |
| **Medizin** | دواء |
| **Medizinisch** | طبي |
| **Nerven** | أعصاب |
| **Reflex** | منعكس |
| **Therapie** | علاج |
| **Verletzung** | إصابة |
| **Virus** | فيروس |

## *Gesundheit und Wellness #2*
## الصحة والعافية #2

| | |
|---|---|
| **Allergie** | حساسية |
| **Anatomie** | تشريح |
| **Appetit** | شهية |
| **Blut** | دم |
| **Diät** | حمية |
| **Energie** | طاقة |
| **Ernährung** | تغذية |
| **Genetik** | علم الوراثة |
| **Gesund** | صحي |
| **Gewicht** | وزن |
| **Hygiene** | النظافة |
| **Infektion** | عدوى |
| **Krankenhaus** | مستشفى |
| **Krankheit** | مرض |
| **Massage** | تدليك |
| **Risiken** | المخاطر |
| **Schlafen** | نوم |
| **Sport** | رياضات |
| **Stress** | ضغط |
| **Vitamin** | فيتامين |

## *Gewürze*
## التوابل

| | |
|---|---|
| **Anis** | اليانسون |
| **Bitter** | مر |
| **Curry** | كاري |
| **Fenchel** | الشمرة |
| **Geschmack** | نكهة |
| **Ingwer** | زنجبيل |
| **Kardamom** | حب الهال |
| **Knoblauch** | ثوم |
| **Lakritze** | عرق السوس |
| **Muskatnuss** | جوزة الطيب |
| **Nelke** | القرنفل |
| **Paprika** | فلفل أحمر |
| **Pfeffer** | فلفل |
| **Safran** | زعفران |
| **Salz** | ملح |
| **Sauer** | حامض |
| **Süss** | حلو |
| **Vanille** | فانيلا |
| **Zimt** | قرفة |
| **Zwiebel** | بصل |

## *Globale Erwärmung*
الاحتباس الحراري

| | |
|---|---|
| **Arktis** | القطب الشمالي |
| **Aufmerksamkeit** | انتباه |
| **Bevölkerung** | السكان |
| **Daten** | البيانات |
| **Energie** | طاقة |
| **Entwicklung** | تطور |
| **Gas** | غاز |
| **Generationen** | الأجيال |
| **Gesetzgebung** | تشريع |
| **Industrie** | صناعة |
| **International** | دولي |
| **Jetzt** | الآن |
| **Klima** | مناخ |
| **Krise** | أزمة |
| **Lebensraum** | بيئات |
| **Regierung** | حكومة |
| **Temperaturen** | درجات الحرارة |
| **Umwelt** | البيئة |
| **Wissenschaftler** | عالم |
| **Zukunft** | مستقبل |

## *Haartypen*
أنواع الشعر

| | |
|---|---|
| **Blond** | أشقر |
| **Braun** | بني |
| **Dick** | سميك |
| **Dünn** | رقيق |
| **Farbig** | ملون |
| **Geflochten** | مضفر |
| **Gesund** | صحي |
| **Grau** | رمادي |
| **Kahl** | أصلع |
| **Kurz** | قصيرة |
| **Lang** | طويل |
| **Locken** | تجعيد الشعر |
| **Lockig** | مجعد |
| **Schwarz** | أسود |
| **Silber** | فضة |
| **Trocken** | جاف |
| **Weich** | ناعم |
| **Weiss** | أبيض |
| **Wellig** | متموج |
| **Zöpfe** | الضفائر |

## *Haus*
منزل

| | |
|---|---|
| **Besen** | مكنسة |
| **Bibliothek** | مكتبة |
| **Dach** | سقف |
| **Dachboden** | علية |
| **Dusche** | دش |
| **Fenster** | نافذة |
| **Garage** | كراج |
| **Garten** | حديقة |
| **Kamin** | مدفأة |
| **Küche** | مطبخ |
| **Lampe** | مصباح |
| **Möbel** | أثاث |
| **Schlafzimmer** | غرفة نوم |
| **Schlüssel** | مفاتيح |
| **Schornstein** | مدخنة |
| **Spiegel** | مرآة |
| **Tür** | باب |
| **Wand** | حائط |
| **Zaun** | سياج |
| **Zimmer** | غرفة |

## *Ingenieurwesen*
الهندسة

| | |
|---|---|
| **Achse** | محور |
| **Antrieb** | الدفع |
| **Berechnung** | حساب |
| **Diagramm** | رسم بياني |
| **Diesel** | ديزل |
| **Durchmesser** | قطر |
| **Energie** | طاقة |
| **Flüssigkeit** | سائل |
| **Getriebe** | التروس |
| **Hebel** | العتلات |
| **Konstruktion** | بناء |
| **Maschine** | آلة |
| **Messung** | قياس |
| **Motor** | محرك |
| **Stabilität** | استقرار |
| **Stärke** | قوة |
| **Struktur** | هيكل |
| **Tiefe** | عمق |
| **Verteilung** | توزيع |
| **Winkel** | زاوية |

## *Insekten*
الحشرات

| | |
|---|---|
| **Ameise** | نملة |
| **Biene** | نحلة |
| **Blattlaus** | المن |
| **Floh** | برغوث |
| **Gottesanbeterin** | فرس النبي |
| **Heuschrecke** | جندب |
| **Hornisse** | الدبور |
| **Kakerlake** | صرصور |
| **Käfer** | خنفساء |
| **Larve** | يرقة |
| **Libelle** | اليعسوب |
| **Marienkäfer** | الخنفساء |
| **Motte** | عثة |
| **Mücke** | البعوض |
| **Schmetterling** | فراشة |
| **Termite** | أرضة |
| **Wespe** | دبور |
| **Wurm** | دودة |
| **Zikade** | الزيز |

## *Jazz*
موسيقى الجاز

| | |
|---|---|
| **Album** | ألبوم |
| **Alt** | قديم |
| **Applaus** | تصفيق |
| **Berühmt** | مشهور |
| **Favoriten** | المفضلة |
| **Genre** | النوع |
| **Improvisation** | الارتجال |
| **Komponist** | ملحن |
| **Konzert** | حفلة موسيقية |
| **Künstler** | فنان |
| **Lied** | أغنية |
| **Musik** | موسيقى |
| **Musiker** | الموسيقيون |
| **Neu** | الجديد |
| **Orchester** | أوركسترا |
| **Rhythmus** | إيقاع |
| **Solo** | منفرد |
| **Stil** | نمط |
| **Talent** | المواهب |
| **Technik** | تقنية |

### *Kaffee*
قوهة

| | |
|---|---|
| **Bitter** | رم |
| **Creme** | كريم |
| **Filter** | فلتر |
| **Flüssigkeit** | سائل |
| **Geröstet** | مشوي |
| **Geschmack** | نكهة |
| **Getränk** | مشروب |
| **Koffein** | كافيين |
| **Mahlen** | طحن |
| **Milch** | حليب |
| **Morgen** | صباح |
| **Preis** | ثمن |
| **Sauer** | حمضي |
| **Schwarz** | أسود |
| **Tasse** | كوب |
| **Ursprung** | الأصل |
| **Vielfalt** | نوع |
| **Wasser** | ماء |
| **Zucker** | السكر |

### *Kleidung*
ملابس

| | |
|---|---|
| **Armband** | سوار |
| **Bluse** | بلوزة |
| **Gürtel** | حزام |
| **Halskette** | قلادة |
| **Handschuhe** | قفازات |
| **Hemd** | قميص |
| **Hose** | سراول |
| **Hut** | قبعة |
| **Jacke** | السترة |
| **Jeans** | جينز |
| **Kleid** | فستان |
| **Mantel** | معطف |
| **Mode** | موضة |
| **Pullover** | سترة |
| **Rock** | تنورة |
| **Schal** | وشاح |
| **Schlafanzug** | ملابس نوم |
| **Schmuck** | مجوهرات |
| **Schuh** | حذاء |
| **Schürze** | مئزر |

### *Krankheit*
مرض

| | |
|---|---|
| **Abdominal** | البطن |
| **Akut** | شديد |
| **Allergien** | الحساسية |
| **Ansteckend** | معدي |
| **Atemwege** | تنفسي |
| **Bakteriell** | بكتيري |
| **Chronisch** | مزمن |
| **Entzündung** | التهاب |
| **Erblich** | وراثي |
| **Genetisch** | الوراثية |
| **Gesundheit** | الصحة |
| **Herz** | قلب |
| **Immunität** | الحصانة |
| **Knochen** | عظام |
| **Körper** | جثة |
| **Pulmonal** | رئوي |
| **Schwach** | ضعيف |
| **Syndrom** | متلازمة |
| **Therapie** | علاج |
| **Wellness** | العافية |

### *Kräuterkunde*
الأعشاب

| | |
|---|---|
| **Aromatisch** | عطري |
| **Basilikum** | ريحان |
| **Blume** | زهرة |
| **Dill** | شبت |
| **Estragon** | الطرخون |
| **Fenchel** | الشمرة |
| **Garten** | حديقة |
| **Geschmack** | نكهة |
| **Grün** | أخضر |
| **Knoblauch** | ثوم |
| **Kulinarisch** | الطهي |
| **Lavendel** | خزامى |
| **Majoran** | مردقوش |
| **Petersilie** | بقدونس |
| **Qualität** | جودة |
| **Rosmarin** | إكليل الجبل |
| **Safran** | زعفران |
| **Thymian** | زعتر |
| **Vorteilhaft** | مفيد |
| **Zutat** | العنصر |

### *Kreativität*
الإبداع

| | |
|---|---|
| **Ausdruck** | التعبير |
| **Authentizität** | أصالة |
| **Bild** | صورة |
| **Dramatisch** | دراماتيكي |
| **Eindruck** | انطباع |
| **Erfinderisch** | مبدع |
| **Fähigkeit** | مهارة |
| **Flüssigkeit** | سيولة |
| **Gefühle** | مشاعر |
| **Ideen** | الأفكار |
| **Inspiration** | الإلهام |
| **Intensität** | شدة |
| **Intuition** | الحدس |
| **Klarheit** | وضوح |
| **Künstlerisch** | فني |
| **Phantasie** | خيال |
| **Sensation** | إحساس |
| **Spontan** | عفوية |
| **Visionen** | الرؤى |
| **Vitalität** | حيوية |

### *Kunst*
الفن

| | |
|---|---|
| **Ausdruck** | التعبير |
| **Ehrlich** | صادق |
| **Einfach** | بسيط |
| **Gegenstand** | موضوع |
| **Gemälde** | لوحات |
| **Inspiriert** | ملهم |
| **Keramik** | سيراميك |
| **Komplex** | مركب |
| **Original** | أصلي |
| **Persönlich** | شخصي |
| **Poesie** | شعر |
| **Porträtieren** | تصوير |
| **Skulptur** | النحت |
| **Stimmung** | مزاج |
| **Surrealismus** | السريالية |
| **Symbol** | رمز |
| **Visuell** | بصري |
| **Zusammensetzung** | تكوين |

## *Küche*
مطبخ

| | |
|---|---|
| **Essen** | طعام |
| **Essstäbchen** | عيدان |
| **Gabeln** | الشوك |
| **Gefrierschrank** | مجمد |
| **Gewürze** | توابل |
| **Grill** | شواية |
| **Kelle** | مغرفة |
| **Krug** | إبريق |
| **Kühlschrank** | ثلاجة |
| **Löffel** | الملاعق |
| **Messer** | سكاكين |
| **Ofen** | فرن |
| **Rezept** | وصفة |
| **Schürze** | مئزر |
| **Schüssel** | وعاء |
| **Schwamm** | إسفنج |
| **Serviette** | منديل |
| **Tassen** | أكواب |
| **Wasserkocher** | غلاية |

## *Landschaften*
المناظر الطبيعية

| | |
|---|---|
| **Berg** | جبل |
| **Eisberg** | جبل جليد |
| **Fluss** | نهر |
| **Geysir** | سخان |
| **Gletscher** | مثلجة |
| **Golf** | الخليج |
| **Halbinsel** | شبه جزيرة |
| **Höhle** | كهف |
| **Hügel** | تل |
| **Insel** | جزيرة |
| **Meer** | بحر |
| **Oase** | واحة |
| **See** | بحيرة |
| **Strand** | شاطئ |
| **Sumpf** | مستنقع |
| **Tal** | وادي |
| **Tundra** | تندرا |
| **Vulkan** | بركان |
| **Wasserfall** | شلال |
| **Wüste** | صحراء |

## *Länder #1*
البلدان #1

| | |
|---|---|
| **Ägypten** | مصر |
| **Brasilien** | البرازيل |
| **Deutschland** | ألمانيا |
| **Finnland** | فنلندا |
| **Indien** | الهند |
| **Irak** | العراق |
| **Israel** | إسرائيل |
| **Italien** | إيطاليا |
| **Kambodscha** | كمبوديا |
| **Kanada** | كندا |
| **Lettland** | لاتفيا |
| **Mali** | مالي |
| **Nicaragua** | نيكاراغوا |
| **Norwegen** | النرويج |
| **Polen** | بولندا |
| **Rumänien** | رومانيا |
| **Senegal** | السنغال |
| **Spanien** | إسبانيا |
| **Venezuela** | فنزويلا |
| **Vietnam** | فيتنام |

## *Länder #2*
البلدان #2

| | |
|---|---|
| **Albanien** | ألبانيا |
| **Äthiopien** | أثيوبيا |
| **Frankreich** | فرنسا |
| **Griechenland** | اليونان |
| **Haiti** | هايتي |
| **Irland** | أيرلندا |
| **Jamaika** | جامايكا |
| **Japan** | اليابان |
| **Kenia** | كينيا |
| **Laos** | لاوس |
| **Liberia** | ليبيريا |
| **Mexiko** | المكسيك |
| **Nepal** | نيبال |
| **Nigeria** | نيجيريا |
| **Pakistan** | باكستان |
| **Russland** | روسيا |
| **Sudan** | السودان |
| **Syrien** | سوريا |
| **Uganda** | أوغندا |
| **Ukraine** | أوكرانيا |

## *Literatur*
الأدب

| | |
|---|---|
| **Analogie** | القياس |
| **Analyse** | تحليل |
| **Anekdote** | حكاية |
| **Autor** | مؤلف |
| **Beschreibung** | وصف |
| **Dialog** | حوار |
| **Erzähler** | الراوي |
| **Fiktion** | خيال |
| **Gedicht** | قصيدة |
| **Genre** | النوع |
| **Metapher** | استعارة |
| **Poetisch** | شاعري |
| **Reim** | قافية |
| **Rhythmus** | إيقاع |
| **Roman** | رواية |
| **Schlussfolgerung** | استنتاج |
| **Stil** | نمط |
| **Thema** | موضوع |
| **Tragödie** | مأساة |
| **Vergleich** | مقارنة |

## *Mathematik*
الرياضيات

| | |
|---|---|
| **Arithmetik** | حساب |
| **Bruchteil** | جزء |
| **Dezimal** | عشري |
| **Dreieck** | مثلث |
| **Durchmesser** | قطر |
| **Exponent** | أس |
| **Geometrie** | هندسة |
| **Gleichung** | معادلة |
| **Grad** | درجات |
| **Parallel** | مواز |
| **Polygon** | مضلع |
| **Quadrat** | مربع |
| **Rechteck** | مستطيل |
| **Senkrecht** | عمودي |
| **Summe** | مجموع |
| **Symmetrie** | تناظر |
| **Umfang** | محيط |
| **Volumen** | الصوت |
| **Winkel** | زوايا |
| **Zahlen** | الأرقام |

## *Meditation*
## التأمل

| | |
|---|---|
| **Annahme** | قبول |
| **Aufmerksamkeit** | انتباه |
| **Bewegung** | حركة |
| **Dankbarkeit** | شكر |
| **Freundlichkeit** | اللطف |
| **Frieden** | سلام |
| **Gedanken** | أفكار |
| **Geistig** | عقلي |
| **Glück** | سعادة |
| **Klarheit** | وضوح |
| **Lehre** | تعاليم |
| **Lernen** | ليتعلم |
| **Mitgefühl** | عطف |
| **Musik** | موسيقى |
| **Natur** | طبيعة |
| **Perspektive** | المنظور |
| **Ruhig** | هدوء |
| **Stille** | الصمت |
| **Verstand** | عقل |
| **Wach** | مستيقظ |

## *Menschlicher Körper*
## جسم الإنسان

| | |
|---|---|
| **Bein** | رجل |
| **Blut** | دم |
| **Ellbogen** | كوع |
| **Finger** | إصبع |
| **Gehirn** | دماغ |
| **Gesicht** | وجه |
| **Hals** | رقبة |
| **Hand** | يد |
| **Haut** | جلد |
| **Herz** | قلب |
| **Kiefer** | فك |
| **Kinn** | ذقن |
| **Knie** | ركبة |
| **Knöchel** | كاحل |
| **Kopf** | رئيس |
| **Mund** | فم |
| **Nase** | أنف |
| **Ohr** | أذن |
| **Schulter** | كتف |
| **Zunge** | لسان |

## *Messungen*
## القياسات

| | |
|---|---|
| **Breite** | عرض |
| **Byte** | بايت |
| **Dezimal** | عشري |
| **Gewicht** | وزن |
| **Grad** | درجة |
| **Gramm** | غرام |
| **Höhe** | ارتفاع |
| **Kilogramm** | كيلوغرام |
| **Kilometer** | كيلومتر |
| **Länge** | الطول |
| **Liter** | لتر |
| **Masse** | كتلة |
| **Meter** | متر |
| **Minute** | دقيقة |
| **Tiefe** | عمق |
| **Tonne** | طن |
| **Unze** | أوقية |
| **Volumen** | الصوت |
| **Zentimeter** | سنتيمتر |
| **Zoll** | بوصة |

## *Mode*
## أزياء

| | |
|---|---|
| **Anspruchsvoll** | متطور |
| **Bescheiden** | متواضع |
| **Boutique** | بوتيك |
| **Einfach** | بسيط |
| **Elegant** | أنيق |
| **Kleidung** | ملابس |
| **Komfortabel** | مريح |
| **Minimalistisch** | الحد الأدنى |
| **Modern** | حديث |
| **Original** | أصلي |
| **Praktisch** | عملي |
| **Spitze** | الدانتيل |
| **Stickerei** | تطريز |
| **Stil** | نمط |
| **Stoff** | قماش |
| **Tasten** | أزرار |
| **Teuer** | مكلفة |
| **Textur** | نسيج |
| **Trend** | اتجاه |

## *Musik*
## موسيقى

| | |
|---|---|
| **Album** | ألبوم |
| **Aufnahme** | تسجيل |
| **Ballade** | أغنية |
| **Chor** | جوقة |
| **Harmonie** | انسجام |
| **Harmonisch** | متناسق |
| **Improvisieren** | تحسين |
| **Instrument** | أداة |
| **Klassisch** | كلاسيكي |
| **Lyrisch** | غنائية |
| **Melodie** | لحن |
| **Mikrofon** | ميكروفون |
| **Musical** | موسيقي |
| **Oper** | أوبرا |
| **Poetisch** | شاعري |
| **Rhythmisch** | إيقاعي |
| **Rhythmus** | إيقاع |
| **Sänger** | المغني |
| **Singen** | غنى |
| **Tempo** | الإيقاع |

## *Musikinstrumente*
## آلات موسيقية

| | |
|---|---|
| **Banjo** | البانجو |
| **Cello** | التشيلو |
| **Fagott** | باسون |
| **Flöte** | ناي |
| **Geige** | كمان |
| **Gitarre** | قيثارة |
| **Glockenspiel** | الدقات |
| **Gong** | ناقوس |
| **Harfe** | جنك |
| **Klarinette** | مزمار |
| **Klavier** | بيانو |
| **Mandoline** | مندولين |
| **Mundharmonika** | هارمونيكا |
| **Oboe** | المزمار |
| **Posaune** | الترومبون |
| **Saxophon** | ساكسفون |
| **Schlagzeug** | قرع |
| **Tamburin** | دف صغير |
| **Trommel** | طبل |
| **Trompete** | بوق |

## *Mythologie*
## الميثولوجيا

| | |
|---|---|
| **Blitz** | برق |
| **Donner** | رعد |
| **Eifersucht** | الغيرة |
| **Held** | بطل |
| **Heldin** | بطلة |
| **Himmel** | السماء |
| **Katastrophe** | كارثة |
| **Kreation** | خلق |
| **Kreatur** | مخلوق |
| **Krieger** | محارب |
| **Kultur** | ثقافة |
| **Labyrinth** | متاهة |
| **Legende** | أسطورة |
| **Magisch** | سحري |
| **Monster** | مسخ |
| **Rache** | انتقام |
| **Stärke** | قوة |
| **Sterblich** | مميت |
| **Unsterblichkeit** | خلود |
| **Verhalten** | سلوك |

## *Natur*
## الطبيعة

| | |
|---|---|
| **Arktis** | القطب الشمالي |
| **Berge** | الجبال |
| **Bienen** | النحل |
| **Dynamisch** | متحرك |
| **Erosion** | تآكل |
| **Fluss** | نهر |
| **Friedlich** | سلمي |
| **Gletscher** | مثلجة |
| **Heiligtum** | ملاذ |
| **Heiter** | هادئ |
| **Laub** | أوراق الشجر |
| **Lebenswichtig** | حيوي |
| **Nebel** | ضباب |
| **Schönheit** | جمال |
| **Schutz** | مأوى |
| **Tiere** | الحيوانات |
| **Tropisch** | استوائي |
| **Wald** | غابة |
| **Wild** | بري |
| **Wüste** | صحراء |

## *Obst*
## فاكهة

| | |
|---|---|
| **Ananas** | أناناس |
| **Apfel** | تفاح |
| **Aprikose** | مشمش |
| **Avocado** | أفوكادو |
| **Banane** | موز |
| **Beere** | بيري |
| **Birne** | كمثرى |
| **Brombeere** | بلاك بيري |
| **Grapefruit** | جريب فروت |
| **Himbeere** | توت العليق |
| **Kirsche** | كرز |
| **Kiwi** | كيوي |
| **Kokosnuss** | جوز الهند |
| **Melone** | شمام |
| **Orange** | برتقال |
| **Papaya** | بابايا |
| **Pfirsich** | خوخ |
| **Pflaume** | برقوق |
| **Traube** | عنب |
| **Zitrone** | ليمون |

## *Ozean*
## محيط

| | |
|---|---|
| **Aal** | ثعبان |
| **Algen** | الطحالب |
| **Auster** | محار |
| **Boot** | قارب |
| **Delfin** | دولفين |
| **Fisch** | سمك |
| **Garnele** | جمبري |
| **Gezeiten** | المد والجزر |
| **Hai** | قرش |
| **Koralle** | المرجان |
| **Krabbe** | سرطان |
| **Krake** | أخطبوط |
| **Qualle** | قنديل البحر |
| **Salz** | ملح |
| **Schildkröte** | سلحفاة |
| **Schwamm** | إسفنج |
| **Sturm** | عاصفة |
| **Thunfisch** | تونة |
| **Wal** | حوت |
| **Wellen** | أمواج |

## *Ökologie*
## علم البيئة

| | |
|---|---|
| **Art** | الأنواع |
| **Berge** | الجبال |
| **Dürre** | جفاف |
| **Fauna** | الحيوانات |
| **Flora** | النباتية |
| **Freiwillige** | المتطوعون |
| **Gemeinschaft** | مجتمعات |
| **Global** | عالمي |
| **Klima** | مناخ |
| **Lebensraum** | الموئل |
| **Marine** | البحرية |
| **Nachhaltig** | مستدام |
| **Natur** | طبيعة |
| **Natürlich** | طبيعي |
| **Pflanzen** | نباتات |
| **Ressourcen** | الموارد |
| **Sumpf** | اهوار |
| **Überleben** | نجاة |
| **Vegetation** | نبت |
| **Vielfalt** | تنوع |

## *Pflanzen*
## النباتات

| | |
|---|---|
| **Bambus** | بامبو |
| **Baum** | شجرة |
| **Beere** | بيري |
| **Blatt** | ورقة |
| **Blume** | زهرة |
| **Blütenblatt** | البتلة |
| **Bohne** | فاصوليا |
| **Botanik** | علم النبات |
| **Busch** | بوش |
| **Dünger** | سماد |
| **Efeu** | لبلاب |
| **Flora** | النباتية |
| **Garten** | حديقة |
| **Kaktus** | صبار |
| **Kraut** | عشب |
| **Laub** | أوراق الشجر |
| **Moos** | طحلب |
| **Vegetation** | نبت |
| **Wald** | غابة |
| **Wurzel** | جذر |

## *Physik*
الفيزياء

| | |
|---|---|
| **Atom** | ذرة |
| **Beschleunigung** | تسريع |
| **Chaos** | فوضى |
| **Dichte** | كثافة |
| **Elektron** | إلكترون |
| **Experiment** | تجربة |
| **Formel** | معادلة |
| **Frequenz** | تردد |
| **Gas** | غاز |
| **Geschwindigkeit** | سرعة |
| **Magnetismus** | المغناطيسية |
| **Masse** | كتلة |
| **Mechanik** | الميكانيك |
| **Molekül** | مركب |
| **Motor** | محرك |
| **Nuklear** | نووي |
| **Partikel** | جسيم |
| **Relativität** | النسبية |
| **Universal** | عالمي |
| **Variable** | متغير |

## *Psychologie*
علم النفس

| | |
|---|---|
| **Bewertung** | تقييم |
| **Bewusstlos** | فاقد الوعي |
| **Ego** | الأنا |
| **Einflüsse** | تأثيرات |
| **Erinnerungen** | ذكريات |
| **Gedanken** | أفكار |
| **Ideen** | الأفكار |
| **Kindheit** | مرحلة الطفولة |
| **Klinisch** | مرضي |
| **Kognition** | معرفة |
| **Konflikt** | نزاع |
| **Persönlichkeit** | شخصية |
| **Problem** | مشكلة |
| **Sensation** | إحساس |
| **Termin** | موعد |
| **Therapie** | علاج |
| **Träume** | أحلام |
| **Verhalten** | سلوك |
| **Wahrnehmung** | الإدراك |
| **Wirklichkeit** | واقع |

## *Regierung*
الحكومة

| | |
|---|---|
| **Bezirk** | منطقة |
| **Demokratie** | ديمقراطية |
| **Denkmal** | نصب |
| **Diskussion** | نقاش |
| **Freiheit** | حرية |
| **Friedlich** | سلمي |
| **Führer** | زعيم |
| **Gerechtigkeit** | عدالة |
| **Gesetz** | قانون |
| **Gleichheit** | المساواة |
| **Nation** | أمة |
| **National** | وطني |
| **Politik** | سياسة |
| **Rechte** | حقوق |
| **Rede** | خطاب |
| **Staat** | حالة |
| **Symbol** | رمز |
| **Unabhängigkeit** | استقلال |
| **Verfassung** | دستور |
| **Zivil** | مدني |

## *Restaurant #2*
مطعم رقم 2

| | |
|---|---|
| **Abendessen** | عشاء |
| **Eier** | بيض |
| **Eis** | جليد |
| **Fisch** | سمك |
| **Frucht** | فاكهة |
| **Gabel** | شوكة |
| **Gemüse** | خضروات |
| **Getränk** | مشروب |
| **Gewürze** | توابل |
| **Kellner** | النادل |
| **Köstlich** | لذيذ |
| **Kuchen** | كيك |
| **Löffel** | ملعقة |
| **Mittagessen** | غداء |
| **Nudeln** | المعكرونة |
| **Salat** | سلطة |
| **Salz** | ملح |
| **Stuhl** | كرسي |
| **Suppe** | حساء |
| **Wasser** | ماء |

## *Säugetiere*
الثدييات

| | |
|---|---|
| **Affe** | قرد |
| **Bär** | يتحمل |
| **Biber** | سمور |
| **Elefant** | الفيل |
| **Fuchs** | فوكس |
| **Giraffe** | زرافة |
| **Gorilla** | غوريلا |
| **Hund** | كلب |
| **Känguru** | كنغر |
| **Kojote** | ذئب البراري |
| **Löwe** | أسد |
| **Panther** | النمر |
| **Pferd** | حصان |
| **Ratte** | جرذ |
| **Schaf** | خروف |
| **Stier** | ثور |
| **Tiger** | نمر |
| **Wal** | حوت |
| **Wolf** | ذئب |
| **Zebra** | حمار وحشي |

## *Schach*
شطرنج

| | |
|---|---|
| **Champion** | بطل |
| **Diagonal** | قطري |
| **Gegner** | الخصم |
| **Klug** | ذكي |
| **König** | ملك |
| **Königin** | ملكة |
| **Lernen** | ليتعلم |
| **Opfer** | تضحية |
| **Passiv** | مبني للمجهول |
| **Punkte** | النقاط |
| **Regeln** | قواعد |
| **Schwarz** | أسود |
| **Spiel** | لعبة |
| **Spieler** | لاعب |
| **Strategie** | إستراتيجية |
| **Turnier** | مسابقة |
| **Weiss** | أبيض |
| **Wettbewerb** | منافسة |
| **Zeit** | الوقت |

## *Schönheit*
## بيوتي

| | |
|---|---|
| **Anmut** | نعمة |
| **Charme** | سحر |
| **Dienstleistungen** | خدمات |
| **Duft** | روطع |
| **Elegant** | أنيق |
| **Eleganz** | أناقة |
| **Farbe** | اللون |
| **Fotogen** | رقيق |
| **Glatt** | ناعم |
| **Haut** | جلد |
| **Lippenstift** | أحمر الشفاه |
| **Locken** | تجعيد الشعر |
| **Öle** | زيوت |
| **Produkte** | منتجات |
| **Schere** | مقص |
| **Shampoo** | شامبو |
| **Spiegel** | مرآة |
| **Stylist** | حلاق |
| **Wimperntusche** | ماسكارا |

## *Science Fiction*
## الخيال العلمي

| | |
|---|---|
| **Bücher** | الكتب |
| **Chemikalien** | مواد كيميائية |
| **Explosion** | انفجار |
| **Extrem** | مفرط |
| **Fantastisch** | رائع |
| **Fern** | بعيد |
| **Feuer** | نار |
| **Futuristisch** | مستقبلية |
| **Geheimnisvoll** | غامض |
| **Illusion** | وهم |
| **Imaginär** | وهمي |
| **Kino** | سينما |
| **Orakel** | وحي |
| **Planet** | كوكب |
| **Realistisch** | واقعي |
| **Roboter** | الروبوتات |
| **Szenario** | السيناريو |
| **Technologie** | تقنية |
| **Utopie** | يوتوبيا |
| **Welt** | العالمية |

## *Sport*
## رياضة

| | |
|---|---|
| **Athlet** | رياضي |
| **Diät** | حمية |
| **Ernährung** | تغذية |
| **Fähigkeit** | القدرة |
| **Gesundheit** | الصحة |
| **Joggen** | الركض |
| **Knochen** | عظام |
| **Körper** | جثة |
| **Maximieren** | تعظيم |
| **Metabolisch** | الأيض |
| **Muskel** | عضلات |
| **Programm** | برنامج |
| **Radfahren** | ركوب الدراجات |
| **Schwimmen** | للسباحة |
| **Sport** | رياضات |
| **Stärke** | قوة |
| **Tanzen** | الرقص |
| **Trainer** | مدرب |
| **Ziel** | هدف |

## *Stadt*
## مدينة

| | |
|---|---|
| **Apotheke** | صيدلية |
| **Bank** | بنك |
| **Bäckerei** | مخبز |
| **Bibliothek** | مكتبة |
| **Blumenhändler** | منسق زهور |
| **Flughafen** | مطار |
| **Galerie** | معرض |
| **Hotel** | فندق |
| **Kino** | سينما |
| **Klinik** | عيادة |
| **Markt** | سوق |
| **Museum** | متحف |
| **Restaurant** | مطعم |
| **Salon** | صالون |
| **Schule** | مدرسة |
| **Stadion** | ملعب |
| **Supermarkt** | سوبر ماركت |
| **Theater** | مسرح |
| **Universität** | جامعة |
| **Zoo** | حديقة حيوان |

## *Tage und Monate*
## الأيام والأشهر

| | |
|---|---|
| **August** | أغسطس |
| **Dezember** | ديسمبر |
| **Dienstag** | الثلاثاء |
| **Donnerstag** | الخميس |
| **Februar** | فبراير |
| **Freitag** | الجمعة |
| **Jahr** | سنة |
| **Januar** | يناير |
| **Juli** | يوليو |
| **Juni** | يونيو |
| **Kalender** | تقويم |
| **Mittwoch** | الأربعاء |
| **Monat** | شهر |
| **Montag** | الاثنين |
| **November** | نوفمبر |
| **Oktober** | أكتوبر |
| **Samstag** | السبت |
| **September** | سبتمبر |
| **Sonntag** | الأحد |
| **Woche** | أسبوع |

## *Tanzen*
## الرقص

| | |
|---|---|
| **Akademie** | الأكاديمية |
| **Anmut** | نعمة |
| **Ausdrucksvoll** | معبرة |
| **Bewegung** | حركة |
| **Choreographie** | الكوريغرافيا |
| **Emotion** | عاطفة |
| **Freudig** | مرح |
| **Haltung** | الموقف |
| **Klassisch** | كلاسيكي |
| **Körper** | جثة |
| **Kultur** | ثقافة |
| **Kulturell** | ثقافي |
| **Kunst** | فن |
| **Musik** | موسيقى |
| **Partner** | شريك |
| **Probe** | بروفة |
| **Rhythmus** | إيقاع |
| **Springen** | قفز |
| **Traditionell** | تقليدي |
| **Visuell** | بصري |

## *Technologie*
تقنية

| | |
|---|---|
| **Anzeige** | عرض |
| **Bildschirm** | شاشة |
| **Blog** | مدونة |
| **Browser** | المتصفح |
| **Bytes** | بايت |
| **Computer** | الحاسوب |
| **Cursor** | المؤشر |
| **Datei** | ملف |
| **Daten** | البيانات |
| **Digital** | رقمي |
| **Forschung** | بحث |
| **Internet** | إنترنت |
| **Kamera** | كاميرا |
| **Nachricht** | رسالة |
| **Schriftart** | خط |
| **Sicherheit** | أمن |
| **Software** | برمجيات |
| **Statistik** | الإحصاء |
| **Virtuell** | افتراضية |
| **Virus** | فيروس |

## *Universum*
الكون

| | |
|---|---|
| **Asteroid** | الكويكب |
| **Astronom** | فلكي |
| **Astronomie** | علم الفلك |
| **Atmosphäre** | الغلاف الجوي |
| **Äquator** | خط الاستواء |
| **Breite** | خط العرض |
| **Dunkelheit** | ظلام |
| **Himmel** | سماء |
| **Himmlisch** | سماوي |
| **Horizont** | أفق |
| **Kosmisch** | كوني |
| **Längengrad** | خط الطول |
| **Mond** | قمر |
| **Orbit** | فلك |
| **Sichtbar** | مرئي |
| **Solar** | شمسي |
| **Sonnenwende** | الانقلاب |
| **Teleskop** | مقراب |
| **Tierkreis** | البروج |

## *Urlaub #2*
عطلة #2

| | |
|---|---|
| **Ausländer** | أجنبي |
| **Berge** | الجبال |
| **Camping** | تخييم |
| **Flughafen** | مطار |
| **Freizeit** | الترفيه |
| **Hotel** | فندق |
| **Insel** | جزيرة |
| **Karte** | خريطة |
| **Meer** | بحر |
| **Pass** | جواز سفر |
| **Reise** | رحلة |
| **Restaurant** | مطعم |
| **Strand** | شاطئ |
| **Taxi** | تاكسي |
| **Transport** | النقل |
| **Urlaub** | عطلة |
| **Visum** | تأشيرة |
| **Zelt** | خيمة |
| **Ziel** | وجهة |
| **Zug** | قطار |

## *Vögel*
الطيور

| | |
|---|---|
| **Adler** | نسر |
| **Ei** | بيضة |
| **Ente** | بطة |
| **Eule** | بومة |
| **Flamingo** | نحام |
| **Gans** | أوز |
| **Huhn** | دجاج |
| **Krähe** | غراب |
| **Kuckuck** | الوقواق |
| **Möwe** | نورس |
| **Papagei** | ببغاء |
| **Pelikan** | البجع |
| **Pfau** | الطاووس |
| **Pinguin** | البطريق |
| **Rabe** | الغراب |
| **Reiher** | مالك الحزين |
| **Schwan** | بجعة |
| **Spatz** | عصفور |
| **Storch** | اللقلق |
| **Taube** | حمامة |

## *Wandern*
التنزه

| | |
|---|---|
| **Berg** | جبل |
| **Camping** | تخييم |
| **Gefahren** | المخاطر |
| **Gipfel** | قمة |
| **Karte** | خريطة |
| **Klima** | مناخ |
| **Klippe** | جرف |
| **Müde** | متعب |
| **Natur** | طبيعة |
| **Orientierung** | اتجاه |
| **Parks** | الحدائق |
| **Schwer** | ثقيل |
| **Sonne** | شمس |
| **Steine** | الحجارة |
| **Stiefel** | أحذية |
| **Tiere** | الحيوانات |
| **Vorbereitung** | تحضير |
| **Wasser** | ماء |
| **Wetter** | طقس |
| **Wild** | بري |

## *Wetter*
الطقس

| | |
|---|---|
| **Atmosphäre** | الغلاف الجوي |
| **Blitz** | برق |
| **Brise** | نسيم |
| **Donner** | الرعد |
| **Dürre** | جفاف |
| **Eis** | جليد |
| **Feucht** | رطب |
| **Himmel** | سماء |
| **Klima** | مناخ |
| **Nebel** | الضباب |
| **Polar** | قطبي |
| **Regenbogen** | قوس قزح |
| **Ruhig** | هدوء |
| **Sturm** | عاصفة |
| **Temperatur** | درجة الحرارة |
| **Tornado** | إعصار |
| **Trocken** | جاف |
| **Tropisch** | استوائي |
| **Wind** | ريح |
| **Wolke** | سحابة |

## Wissenschaftliche Disziplinen
### التخصصات العلمية

| | |
|---|---|
| Anatomie | تشريح |
| Archäologie | علم الآثار |
| Astronomie | علم الفلك |
| Biologie | بيولوجيا |
| Botanik | علم النبات |
| Chemie | كيمياء |
| Geologie | جيولوجيا |
| Immunologie | علم المناعة |
| Kinesiologie | علم الحركة |
| Linguistik | لسانيات |
| Mechanik | ميكانيكا |
| Mineralogie | علم المعادن |
| Neurologie | علم الأعصاب |
| Ökologie | علم البيئة |
| Physik | الفيزياء |
| Physiologie | فيزيولوجيا |
| Psychologie | علم النفس |
| Robotik | الروبوتات |
| Soziologie | علم الاجتماع |
| Zoologie | علم الحيوان |

## Zahlen
### أرقام

| | |
|---|---|
| Acht | ثمانية |
| Achtzehn | ثمانية عشر |
| Dezimal | عشري |
| Drei | ثلاثة |
| Dreizehn | ثلاثة عشر |
| Fünf | خمسة |
| Fünfzehn | خمسة عشر |
| Neun | تسعة |
| Neunzehn | تسعة عشر |
| Null | صفر |
| Sechs | ستة |
| Sechzehn | ستة عشر |
| Sieben | سبعة |
| Siebzehn | سبعة عشر |
| Vier | أربعة |
| Vierzehn | أربعة عشر |
| Zehn | عشرة |
| Zwanzig | عشرون |
| Zwei | اثنان |
| Zwölf | اثنا عشر |

## Zeit
### الوقت

| | |
|---|---|
| Früh | مبكرا |
| Gestern | أمس |
| Heute | اليوم |
| Jahr | سنة |
| Jahrhundert | قرن |
| Jahrzehnt | العقد |
| Jährlich | سنوي |
| Jetzt | الآن |
| Kalender | تقويم |
| Minute | دقيقة |
| Mittag | وقت الظهيرة |
| Monat | شهر |
| Morgen | صباح |
| Nach | بعد |
| Nacht | الليل |
| Stunde | ساعة |
| Tag | يوم |
| Vor | قبل |
| Woche | أسبوع |
| Zukunft | مستقبل |

## Zu Füllen
### للتعبئة

| | |
|---|---|
| Becken | حوض |
| Box | علبة |
| Eimer | دلو |
| Fass | برميل |
| Flasche | زجاجة |
| Karton | كرتون |
| Kiste | قفص |
| Koffer | حقيبة سفر |
| Korb | سلة |
| Krug | جرة |
| Mappe | مجلد |
| Paket | حزمة |
| Rohr | أنبوب |
| Schiff | وعاء |
| Schublade | الدرج |
| Tablett | صينية |
| Tasche | جيب |
| Umschlag | مغلف |
| Vase | زهرية |

# *Gratuliere*

## Sie haben es geschafft !!

Wir hoffen, dass euch dieses Buch genauso viel Spaß gemacht hat wie uns dessen Herstellung. Wir tun unser Bestes, um qualitativ hochwertige Spiele zu erfinden. Diese Rätsel sind auf eine clevere Art und Weise entworfen, damit sie aktiv lernen und daran Vergnügen finden.

Hat ihnen das Buch gefallen ?

-------

## Eine einfache Bitte

Unsere Bücher existieren dank der Rezensionen, die sie veröffentlichen. Können sie uns helfen indem sie jetzt eine Meinung hinterlassen ?

Hier ist ein kurzer Link, der Sie zu ihrer Bewertungsseite führt

 BestBooksActivity.com/Rezension50

# MONSTER HERAUSFÖRDERUNGEN !

## Herausförderung 1

Bereit für ihr Bonusspiel? Wir verwenden sie ständig, aber sie sind nicht einfach zu finden. Es sind die Synonyme !

Notieren sie 5 Wörter, die sie in den untenstehenden Rätseln (Nummer 21, 36 und 76) entdeckt haben und versuchen sie für jedes Wort 2 Synonyme zu finden .

### Notieren sie 5 Wörter aus **Rätsel 21**

| Wörter | Synonym 1 | Synonym 2 |
|---|---|---|
|  |  |  |
|  |  |  |
|  |  |  |
|  |  |  |
|  |  |  |

### Notieren sie 5 Wörter aus **Rätsel 36**

| Wörter | Synonym 1 | Synonym 2 |
|---|---|---|
|  |  |  |
|  |  |  |
|  |  |  |
|  |  |  |
|  |  |  |

### Notieren sie 5 Wörter aus **Rätsel 76**

| Wörter | Synonym 1 | Synonym 2 |
|---|---|---|
|  |  |  |
|  |  |  |
|  |  |  |
|  |  |  |

# Herausförderung 2

Jetzt, wo sie warm sind, notieren sie 5 Wörter, die sie in jedem der untenaufgeführten Rätseln entdeckt haben (Nummer 9, 17 und 25) und versuchen sie für jedes Wort 2 Antonyme zu finden. Wie viele davon können sie binnen 20 Minuten finden ?

### Notieren sie 5 Wörter aus **Rätsel 9**

| Wörter | Antonym 1 | Antonym 2 |
|--------|-----------|-----------|
|        |           |           |
|        |           |           |
|        |           |           |
|        |           |           |
|        |           |           |

### Notieren sie 5 Wörter aus **Rätsel 17**

| Wörter | Antonym 1 | Antonym 2 |
|--------|-----------|-----------|
|        |           |           |
|        |           |           |
|        |           |           |
|        |           |           |
|        |           |           |

### Notieren sie 5 Wörter aus **Rätsel 25**

| Wörter | Antonym 1 | Antonym 2 |
|--------|-----------|-----------|
|        |           |           |
|        |           |           |
|        |           |           |
|        |           |           |
|        |           |           |

# Herausförderung 3

Wunderbar, diese Monster Herausförderung 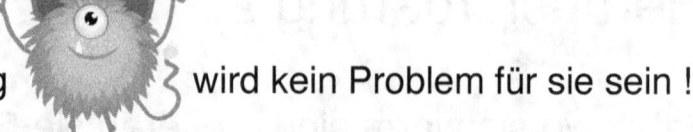 wird kein Problem für sie sein !

Bereit für die letzte Herausförderung? Wählen sie ihre 10 Lieblingswörter aus, die sie in einem Rätsel entdeckt haben und notieren sie sie unten.

| | |
|---|---|
| 1. | 6. |
| 2. | 7. |
| 3. | 8. |
| 4. | 9. |
| 5. | 10. |

Die Aufgabe besteht nun darin mit diesen Wörtern und in maximal sechs Sätzen einen Text herzustellen über eine Person, ein Tier oder ein Ort den sie lieben !

*Tipp : sie können die letzten leeren Seiten dieses Buches als Entwurf verwenden*

## Ihr Schreiben :

# NOTIZBUCH :

# AUF BALDIGES WIEDERSEHEN !

Linguas Classics

# KOSTENLOSE SPIELE GENIESSEN

## GO

↓

**BESTACTIVITYBOOKS.COM/FREEGAMES**

www.ingramcontent.com/pod-product-compliance
Lightning Source LLC
Chambersburg PA
CBHW081707120626
46550CB00010B/3044
* 9 7 9 8 8 9 6 7 0 0 3 0 2 *